Il sapere

Enciclopedia tascabile
diretta da Roberto Bonchio

6

In copertina: Benito Mussolini durante una visita al Quartier generale del Führer
Design: Alessandro Conti

Titolo originale: *La seconde guerre mondiale*
© 1993 Nuova edizione aggiornata. Presses Universitaires de France
Traduzione di Roberto Bianchi

Seconda edizione ampliata: febbraio 1995
Tascabili Economici Newton
Divisione della Newton Compton editori s.r.l.
© 1994 Newton Compton editori s.r.l.
Roma, Casella postale 6214

ISBN 88-7983-381-2

Stampato su carta Libra Classic della Cartiera di Kajaani
distribuita dalla Fennocarta s.r.l., Milano
Copertina stampata su cartoncino Fine Art Board della Cartiera di Aanekoski

Henri Michel

La seconda guerra mondiale

Tascabili Economici Newton

Tascabili Economici Newton, sezione dei Paperbacks
Pubblicazione settimanale, 25 febbraio 1995
Direttore responsabile: G.A. Cibotto
Registrazione del Tribunale di Roma n. 16024 del 27 agosto 1975
Fotocomposizione: Sinnos Coop. Sociale a r.l., Roma
Stampato per conto della Newton Compton editori s.r.l., Roma
presso la Rotolito Lombarda S.p.A., Pioltello (MI)
Distribuzione nazionale per le edicole: A. Pieroni s.r.l.
Viale Vittorio Veneto 28 - 20124 Milano - telefono 02-29000221
telex 332379 PIERON I - telefax 02-6597865
Consulenza diffusionale: Eagle Press s.r.l., Roma

Indice

p. 9 Introduzione

I. I successi degli Stati fascisti
16   1. Le forze in campo
20   2. La campagna di Polonia
21   3. La *drôle de guerre*
22   4. La campagna di Francia
24   5. La battaglia d'Inghilterra
24   6. La guerra in Africa
25   7. L'invasione dell'Unione Sovietica
28   8. L'aggressione di Pearl Harbor e le vittorie del Giappone

II. Gli imperi dell'Asse
30   1. L'impero italiano
31   2. L'Europa tedesca
36   3. La Grande Asia giapponese
37   4. Il collaborazionismo
40   5. Il regime di Vichy
41   6. I prigionieri di guerra
41   7. Il terrore SS
42   8. I campi di concentramento
42   9. La resistenza clandestina
43   10. Gli Alleati e la Resistenza
44   11. La Resistenza nell'Europa occidentale
45   12. La Resistenza nell'Europa centrale e orientale
46   13. La Resistenza in Cina
47   14. Il risveglio dei popoli coloniali
48   15. L'importanza della Resistenza

III. Forze e debolezze della Grande Alleanza
49   1. La bisettrice della guerra

p. 53   2. La cooperazione anglo-americana
54   3. La guerra dell'Unione Sovietica
55   4. La Conferenza di Teheran
56   5. Lo sforzo di guerra britannico
56   6. Gli Stati Uniti, arsenale delle democrazie
58   7. La riconversione dell'Unione Sovietica
61   8. Le strategie alleate in Europa e in Asia

IV. La vittoria alleata

63   1. La campagna di Tunisia
64   2. La campagna d'Italia
66   3. Il bombardamento della Germania
67   4. Lo sbarco in Normandia e in Provenza
69   5. Le vittorie dell'Armata rossa
72   6. La disfatta e la capitolazione della Germania
74   7. La sconfitta e la capitolazione del Giappone

V. Il mondo alla fine della guerra

77   1. Le Conferenze di Yalta e Potsdam
78   2. La sorte della Germania
79   3. Il problema polacco
80   4. L'Europa centrale
81   5. Gli imperi coloniali
82   6. La sorte del Giappone
82   7. L'ONU
84   8. Perdite e distruzioni
85   9. L'Europa
87   10. L'Asia
87   11. L'Unione Sovietica
90   12. Gli Stati Uniti
91   13. L'età della scienza e della tecnica

93   Cronologia

98   Bibliografia

Introduzione

Più di ogni altro conflitto, la seconda guerra mondiale è stata, secondo le teorie di Gaston Bouthoul, «il più violentemente spettacolare tra tutti i fenomeni sociali [...] che ha contraddistinto una grande svolta della storia». Se, sotto alcuni aspetti, può apparire la rivincita o la continuazione della Grande guerra del 1914-1918, nella sostanza ne differisce profondamente:

— per la sua estensione in primo luogo. Si è lottato su una superficie quasi planetaria: nelle acque glaciali dello Spitzberg e nelle sabbie roventi del Sahara, sulle montagne delle Alpi e nella giungla birmana, nella rada di Montevideo e negli atolli del Pacifico, sulle rive del Volga e su quelle del fiume Giallo. Tutto si è svolto come se un immenso cataclisma sociale colpisse l'intera umanità, per la prima volta unita in uno stesso tragico destino;

— in secondo luogo per la sua «totalità». Quali che siano i loro regimi politici e sociali, con metodi diversi ma tendenti allo stesso scopo, i belligeranti hanno mobilitato tutte le loro popolazioni e tutte le loro economie; non soltanto hanno arruolato giganteschi eserciti — più di sessanta milioni di uomini si sono combattuti — ma hanno, con il consenso o con la forza, messo al lavoro tutti quelli che non erano soldati, donne comprese, nelle fabbriche, negli arsenali o nei cantieri — cinquanta milioni di lavoratori nei soli Stati Uniti. L'influenza si è estesa ai cervelli: un'intensa propaganda, impiegando nuove tecniche, come la radio, è stata abbastanza potente per stroncare presso i vinti, Germania o Giappone, ogni disfattismo fino alla vigilia della capitolazione, o per convincere le popolazioni asservite che avrebbero potuto, sebbene disarmate, contribuire alla loro liberazione. Di colpo, la stessa scienza è stata irreggimentata — lo straordinario falansterio di scienziati originari di tutti i paesi che ha fabbricato la bomba atomica negli Stati Uniti è senza precedenti nella storia. Lo scontro è stato militare, senza che la diplomazia perdesse i suoi diritti, ma anche, se non soprattutto, economico e ideologico, al punto di continuare anche nei campi di concentramento nazisti.

La grandiosità della lotta, il progresso degli armamenti, le dottrine che hanno esasperato i fanatismi, spiegano le gigantesche distruzioni.

In cinque anni le bombe lasciate cadere dagli aerei sono divenute mille volte più potenti, ma la prima bomba atomica del 6 agosto 1945 equivaleva a 20.000 t di esplosivi ordinari: così, Dresda è stata incendiata e rasa al suolo in una notte, Hiroshima in pochi secondi. Ma, al tempo stesso, delitti di un'ampiezza senza confronti — fucilazioni collettive, stermini di massa — hanno fatto milioni di vittime, la cui morte era per lo più ininfluente sull'esito del conflitto. Al termine della guerra, le rovine materiali e morali e le perdite, in beni e in uomini, non sono paragonabili in alcun modo ai problemi che l'hanno fatta esplodere.

In effetti, durante sei anni, tre guerre si sono impegnate, più giustapposte che veramente intrecciate. Il continente europeo, come nel 1914-1918, ha avuto il triste privilegio delle battaglie più micidiali, opponendo gli eserciti più numerosi; l'Europa ne ricaverà un considerevole e duraturo indebolimento. Ma l'Estremo Oriente è stato un altro teatro di operazioni aperto prima, e chiuso più tardi, relativamente distinto dal primo, caratterizzato da un altro tipo di scontro, quello navale e aereo strettamente associato; solo gli americani, e in grado minore i russi — questo solo fatto la dice lunga sul ruolo che gli uni e gli altri hanno avuto — hanno combattuto ovunque. Tuttavia, fenomeno completamente nuovo, a fianco dei combattimenti di tipo classico, affrontati dagli eserciti regolari, una terza guerra, più o meno sostenuta o disprezzata secondo i casi, quella «dell'ombra», ha opposto popolazioni, momentaneamente asservite, ai loro provvisori vincitori — in Europa come in Cina.

A dire il vero, mai nessun conflitto si è svolto in un tale groviglio di avvenimenti drammatici. In numerose riprese, il destino è sembrato esitare, ha dominato una vera incertezza. Comunque, sino all'ultimo, la lotta è rimasta accanita. Tuttavia, nel corso del processo, i blocchi antagonisti si sono modificati e gli stessi scopi della guerra si sono alterati. Alleate della Germania o legate ad essa con una neutralità benevola all'inizio, l'Italia e l'Unione Sovietica sono divenute sue avversarie cammin facendo, mentre la Francia, che si era per prima lanciata nella guerra contro la Germania, è stata sul punto, nel frattempo, di schierarsi al suo fianco. Le ostilità erano cominciate perché fossero preservate, o ristabilite, l'indipendenza e l'integrità territoriale della Polonia e della Cina: gli angloamericani furono alla fine obbligati a sacrificarle sull'altare della loro alleanza con l'Unione Sovietica. Il paradosso diviene totale quando gli americani intraprendono la distruzione degli imperi coloniali dei loro alleati inglesi e francesi o quando accettano, nell'Europa centrale e orientale, l'instaurazione di regimi politici e sociali agli antipodi degli ideali per i quali si sono battuti.

Il fanatismo e la durezza delle ostilità hanno generato una fine della guerra ambigua — nessuna pace è stata conclusa. La sconfitta dei vinti è stata totale, senza condizioni, come l'avevano voluta i vincitori. Una conclusione così favorevole avrebbe dovuto facilitare la soluzione di tutti i problemi in sospeso. In effetti non se ne fece nulla; altri problemi si erano posti nel frattempo, imprevisti, che esigevano risposte tanto immediate quanto difficili, al punto che alcuni pensarono, per risolverli, di impegnare una terza guerra mondiale che avrebbe opposto gli alleati della vigilia. Per fortuna non se ne fece nulla. Invece furono prese misure, e costituiti organismi, per prevenire il ripetersi di una simile catastrofe; ciò fu tuttavia un nuovo paradosso che vide le nazioni vittoriose impegnarsi con diligenza a risollevare le stesse avversarie che avevano in ogni modo cercato di distruggere — e a farlo rapidamente.

Risultati così sconcertanti non debbono tuttavia minimizzare l'importanza del conflitto, né far dimenticare le sue cause profonde. Ciò che era in gioco, non era solo una divisione delle spoglie dei vinti, estesa sino alla dominazione del mondo: era anche la libertà degli uomini e dei popoli, le loro ragioni di vivere, gli ideali che li guidavano. Ci sembra comunque necessario spiegare lo svolgimento del conflitto non solo perché lo stato della conoscenza storica oggi ce lo permette ma anche per principio, perché questa guerra non è stata solo una rottura provvisoria in un processo della società umana; ne risultano questioni molto gravi sulle quali ci si può interrogare; è importante ricordare che le risposte avrebbero potuto essere diverse, secondo il corso delle battaglie, e mostrare quanto, talvolta, è mancato poco che lo fossero.

La nostra descrizione è dunque attraversata dalla successione degli avvenimenti. In un primo tempo, le potenze dell'Asse — Germania, Giappone e, a un gradino più basso, l'Italia — non ottengono che successi; esse affrontano in ordine sparso avversari che, nella preparazione e nella concezione della lotta, sono in ritardo di una guerra su di loro. È la fase della «guerra lampo», che comincia in Manciuria nel 1931 e che finisce sulle rive del Volga alla fine del 1942. A questa data, su tutti i teatri di operazione, all'aggressore manca il fiato, la sua ambizione è maggiore dei suoi mezzi per appagarla; è fermato contemporaneamente a Midway, a Stalingrado e a El Alamein; inoltre, il suo avversario passa a sua volta all'offensiva, in Unione Sovietica, in Libia e nell'Africa del Nord francese. Oramai si impegna una guerra d'usura, su scala mondiale. Ogni campo possiede immensi imperi di cui riunisce e convoglia tutte le forze.

Vincerà la guerra chi avrà più armi, ma soprattutto i migliori equipaggiamenti e le armi di qualità superiore. In questo gioco, l'immensità dell'Unione Sovietica e del Pacifico, combinata con il potenziale apparentemente illimitato degli Stati Uniti, fa pendere la bilancia dalla parte degli Alleati. A partire dal 1943 comincia la loro avanzata, lenta in un primo tempo, poi più rapida a partire dall'estate del 1944, fulminea nella primavera e nell'estate del 1945. L'Italia prima, la Germania poi, infine il Giappone, invasi, sconfitti e a loro volta interamente occupati, devono prendere atto della loro disfatta, e accettare la legge dei loro vincitori[1].

Se ci si interroga ancora sulle «responsabilità» dello scatenamento della guerra del 1914, per concludere che tutto considerato erano divise, non esiste alcun dubbio per quanto riguarda l'iniziativa del settembre 1939 in Europa e del dicembre 1941 in Asia: Hitler e i militari giapponesi hanno scelto la loro ora, il loro avversario e il luogo del loro attacco, dopo aver accuratamente preparato il loro piano. Per anni, la Germania, dopo l'avvento del nazismo, l'Italia ben prima, dall'arrivo al potere del fascismo, il Giappone, a partire dal passaggio dei poteri a una cricca militare, avevano vissuto in una congiuntura prebellica, caratterizzata dal risparmio obbligatorio, dalla costituzione di stock, dalla stipulazione di grossi ordini alle industrie metallurgiche e chimiche, dall'arruolamento e l'armamento di grandi eserciti e grandi flotte, dall'inquadramento e l'indottrinamento di tutta la popolazione, dall'esasperazione dei sentimenti nazionalisti e dall'elaborazione di piani e strategie dai quali sarebbe dovuta uscire la vittoria.

Per entrare in guerra, i pretesti non mancavano. In Germania, l'accento era posto sull'umiliazione subita dalla nazione dopo la sconfitta del 1918 e le amputazioni dei territori imposte dal *diktat* di Versailles, il Giappone e l'Italia, che appartenevano allora al campo dei vincitori, non potevano utilizzare un pretesto analogo. Ma nel settembre 1939 la maggior parte dei torti di cui i tedeschi si lamentavano erano stati riparati. Nei tre paesi, la propaganda faceva valere l'argomento che una popolazione sovrabbondante in un territorio troppo piccolo aveva la necessità di conquistare uno «spazio vitale», che avrebbe compensato l'assenza di un impero coloniale e fornito a buon mercato derrate alimentari e materie prime: in Germania, i cattivi ricordi della gravissima crisi economica nel corso degli anni Trenta davano a questi pretesti una parvenza di giustificazione; ma, nel settembre 1939, la situazione tedesca era divenuta pressoché normale. In effetti nei tre paesi i clan installatisi al potere, dove si mantenevano con la violenza, erano ispirati da un imperialismo di tipo coloniale; ma le loro ambizioni potevano essere soddisfatte solo a danno delle altre grandi potenze meglio dotate; queste ambizioni erano d'altronde tanto generiche quanto illimitate; per giustificarle, le cricche fasciste invocavano sia la perfezione del regime che esse avevano istituito, e al quale apparteneva, secondo loro, l'avvenire a detrimento delle democrazie decadenti, con-

---

[1] Per un racconto più dettagliato vedi *La seconde guerre mondiale*, coll. «Peuples et civilisations», Presses Universitaires de France, 2 t., pp. 506 e 540, II ed. 1976 e 1978.

dannate per le loro tare, sia — in Germania e in Giappone — una superiorità razziale sui loro rivali.

Dinanzi a queste pretese, proclamate a gran voce e di cui si diceva, senza tanti artifici, che avrebbero dovuto essere accettate di buon grado o con la forza, le potenze minacciate non avevano saputo formare quel blocco solido che solo avrebbe potuto contenere il pericolo.

Infatti, per anni, queste avevano esitato fra tre comportamenti. Gli Stati Uniti, che potevano non sentirsi immediatamente minacciati, avevano scelto di disinteressarsi della questione, chiudendosi in un isolazionismo che rispondeva ai sentimenti profondi della maggioranza della popolazione. Questo atteggiamento astensionista non poteva evidentemente essere adottato dagli Stati europei, soprattutto da quelli che possedevano colonie; ma la gravità del pericolo e il modo di farvi fronte erano valutati molto diversamente. A dispetto della chiaroveggenza di alcune personalità isolate, come Churchill ed Eden, il governo britannico continuava a ricercare un equilibrio in Europa, che gli sembrava minacciato sia dall'imperialismo francese che dallo spirito di rivincita tedesco. La Francia, accanita sostenitrice delle clausole del trattato di Versailles, non poteva certo minimizzare il pericolo tedesco; ma la crisi politica e sociale, aperta dalla crisi economica e dal Fronte popolare, aveva disunito la nazione; mentre le masse popolari aspiravano a un accresciuto benessere, la cui garanzia si basava sul mantenimento della pace, alcuni circoli dirigenti accordavano nelle loro preoccupazioni un posto altrettanto grande, se non maggiore, al rischio di una rivoluzione interna rispetto alle nubi che si addensavano alle frontiere. I piccoli Stati, Polonia e Piccola Intesa, nati dalla vittoria francese del 1918, e la cui indipendenza era legata alla forza e alla determinazione della Francia, non potevano non restare smarriti dinanzi alla debolezza e all'irrisolutezza mostrati dal loro grande alleato. Restava l'Unione Sovietica, in linea di principio la più minacciata, dato che i nazisti affermavano la loro volontà di abbattere contemporaneamente il comunismo e di conquistare in Europa orientale lo «spazio vitale» così ambito.

Ma la diffidenza che regnava tra le democrazie liberali e la democrazia socialista, nutrita da un lungo passato di ostilità, aveva reso molto difficile il ravvicinamento necessario, che era stato appena abbozzato nel 1935 e nel 1939. Tra un disinteresse impossibile e la formazione di un blocco che incontrava ostacoli insormontabili, ognuno cercava di trarsi di impiccio, sperando che il temporale, qualora fosse scoppiato, si sarebbe abbattuto sull'altro e l'avrebbe risparmiato. Calcolo miope, che doveva condurre a una serie ininterrotta di concessioni e di umiliazioni.

Tutto era cominciato con Mussolini che, per primo, aveva fatto della violenza la regola della politica interna dell'Italia, e della conquista la legge della sua politica estera. Il Duce aveva avanzato le sue pretese sia su un'espansione economica in Europa orientale, integrate da minacce di smembramento della Jugoslavia, sia sulla riparazione dello scacco subìto dagli italiani ad Adua nel 1896; la guerra di tipo coloniale, ingaggiata in Etiopia nel 1935, aveva in effetti condotto a un grave fallimento della Società delle Nazioni. Ma, appena ottenuta la vittoria in Africa orientale, Mussolini aveva evocato le ambizioni territoriali italiane a danno della Francia. Lo stesso gioco pericoloso era condotto dal Giappone, in termini più ampi, in Estremo Oriente. A partire dal 1930 i giapponesi avevano incominciato a investire la Cina, in un primo tempo con i loro capitali, poi con il loro esercito, venuto dalla Corea, che, dopo aver conquistato la Manciuria, si era impadronito, una dopo l'altra, di un numero elevato di grandi città cinesi, assicurandosi il dominio delle principali vie di comunicazione, mentre i cinesi continuavano a battersi tra di loro.

Era tuttavia la Germania nazista che, in Europa, aveva riportato i successi più inquietanti: dopo il plebiscito che gli aveva restituito la Saar, la rimilitarizzazione della riva sinistra del Reno, poi l'annessione dell'Austria si erano realizzate senza suscitare vere opposizioni. Non era stato lo stesso all'epoca del «regolamento» della «questione dei Sudeti»; ma, dopo aver fatto finta di sostenere la Cecoslovacchia, la Francia e la Gran Bretagna l'avevano lasciata smembrare firmando a Monaco, nel settembre 1938, umilianti accordi dai quali l'Unione Sovietica era stata esclusa — la divisione degli avversari potenziali di Hitler aveva così raggiunto il suo culmine. Quale sarebbe stata la prossima preda? Era chiaro che la «politica di *appeasement*» verso gli aggressori aveva raccolto solo scacchi.

L'annessione della Boemia, nel marzo 1939, in violazione della parola data, aveva infine convinto il premier britannico, Neville Chamberlain, che Adolf Hitler «non era un gentleman». La Gran Bretagna aveva allora preso la guida di una coalizione antitedesca, accordando a tutti gli Stati minacciati una garanzia che non era in grado di applicare efficacemente. Ma i passi intrapresi da parte dell'Unione Sovietica per firmare con essa accordi politici e militari non avevano dato i risultati attesi, forse per non essere stati ricercati con sufficiente determinazione. Misurando la debolezza delle democrazie occidentali, temendo di fare le spese di una nuova Monaco, Stalin si era premurato di rispondere alle discrete offerte di Hitler per la firma di un patto di non aggressione che avrebbe preservato forse momentaneamente l'Unione Sovietica, ma il cui effetto più chiaro fu di condannare a breve termine la Polonia e di annullare per la Germania ogni minaccia di un vero secondo fronte. Ritenendo che, data la situazione, era ormai difficile sottrarsi di nuovo ai loro impegni, l'Inghilterra e la Francia avevano deciso tuttavia di sostenere la Polonia: il 3 settembre 1939 dichiararono guerra alla Germania.

Il conflitto in Europa accordò al Giappone la libertà d'azione in Estremo Oriente. Infatti le gravi sconfitte subìte dalla Francia e dall'Inghilterra lo lasciavano da solo a solo con gli Stati Uniti, offrendogli la tentazione di facili conquiste in territori coloniali, ormai privati di ogni reale difesa. Dopo aver esitato circa due anni tra più direzioni, i dirigenti giapponesi decisero di orientare la loro espansione verso le ricche rive dell'Asia del Sud-Est.

Per eliminare la possibile minaccia della flotta americana del Pacifico, andarono a distruggerla nella sua base a Pearl Harbor senza dichiarazione di guerra, il 7 dicembre 1941. Fu così che, per volontà della Germania nazista e della cricca militare nipponica, il fuoco della guerra divorò successivamente l'Europa e l'Asia.

I. I successi degli Stati fascisti

1. *Le forze in campo*

Sommando le loro popolazioni, le risorse delle loro economie, le loro riserve auree, le immense possibilità dei loro imperi, la Gran Bretagna e la Francia erano più forti della Germania, anche se accresciuta dall'Austria e dai Sudeti. Ma, nel settembre 1939, un bilancio delle forze reali in campo mostrava la superiorità del Reich, anche tenendo conto dell'esercito polacco e benché l'Italia non fosse entrata in guerra e si fosse dichiarata, innovazione diplomatica, in stato di «non belligeranza». Pure, la Royal Navy e la flotta francese erano le dominatrici incontrastate degli oceani, tanto più che la marina da guerra tedesca aveva subìto dei ritardi nel suo programma di costruzioni navali e comprendeva solo un numero poco elevato di sottomarini (57). Se si considerano gli effettivi degli eserciti di terra, l'equilibrio non era rotto; certo, la Gran Bretagna, che incominciava appena a ristabilire la coscrizione, non poteva inviare in Francia più di quattro divisioni; ma l'esercito francese, malgrado l'obbligo di lasciare alcune unità in Tunisia e sulle Alpi, poteva allineare sulla frontiera del Nord e dell'Est dove, evidentemente, si dovevano svolgere le battaglie decisive, altrettante divisioni che la Wehrmacht; inoltre esso era forte della protezione della «linea Maginot» per lo meno dal Reno sino a Sedan.

Ma questo esercito, cinto dall'aureola per aver vinto la guerra del 1914-1918, la cui reputazione era ottima nel mondo e in primo luogo in Germania, non era un esercito moderno; invecchiamento o sclerosi intellettuale dei suoi capi, una diminuzione demografica, insufficienze delle strutture industriali, preoccupazioni per la difesa del franco poco conciliabili con le esigenze del riarmo, queste cause messe insieme spiegano la sua inferiorità. Se l'esercito francese contava un numero di carri d'assalto quasi uguale a quello dei tedeschi, sul piano della qualità occorre dire che erano molto antiquati; soprattutto, invece di raggrupparli in divisioni blindate, malgrado le indicazioni di alcuni ufficiali che vedevano le cose lucidamente, come il colonnello De Gaulle, il comando francese li aveva dispersi tra le diverse unità, lasciando solo una «divisione corazzata» in formazione. Lo squilibrio era soprattutto forte per quanto riguardava l'aviazione: ai 4000 aerei della Luftwaffe, la Francia e la Gran Bretagna potevano opporre solo 3000 apparecchi; inoltre, solo una parte dell'aviazione britannica doveva venire a combattere in Francia; infine, se la Royal Air Force possedeva una buona aviazione da caccia, mancava di aerei da bombardamento, e l'aviazione francese ancor più.

Tuttavia, nella macchina da guerra tedesca si avvertiva qualche difficoltà; malgrado il suo rigido inquadramento e la propaganda di Goebbels, il popolo tedesco era entrato in guerra con disciplina, ma senza grande entusiasmo; soprattutto, benché l'Europa orientale gli fosse aperta, l'economia di guerra tedesca soffriva di mancanza di minerali di ferro, e ancor più di benzina e di gomma; la neutralità amichevole dell'Italia e, specialmente, l'accordo con l'Unione Sovietica gli permetteranno senza dubbio di rinnovare le sue scorte; la prudenza consigliava tuttavia di preparare una guerra breve. La strategia adottata da Hitler era in funzione di questa chiara visione delle cose: avrebbe schiacciato in primo luogo la Polonia; poi, se la Francia e l'Inghilterra non si fossero piegate dinanzi al fatto compiuto, come sperava, egli non avrebbe atteso, per attaccare la Francia, che la Gran Bretagna avesse portato a termine il suo riarmo: i piani erano fatti; la Wehrmacht sarebbe passata per la pianura belga, come nel 1914.

Da parte loro, i dirigenti inglesi e francesi erano coscienti delle insufficienze drammatiche dei loro armamenti. Benché non esistesse un organismo interalleato che dirigesse effettivamente la guerra comune, la loro intesa era buona. Erano d'accordo nel guadagnare tempo, in modo da mobilitare tutte le loro risorse[1]. In una prima fase, essi restarono dunque sulla difensiva, limitandosi a perseguire il blocco della Germania, a costituire un blocco di neutrali spaventati dalle sue ambizioni, e a lanciare una controffensiva aerea... di manifestini; i bombardamenti apparivano troppo rischiosi tenendo conto delle possibili rappresaglie da parte della Luftwaffe, che sarebbe stato impossibile bloccare e che avrebbe compromesso gravemente il riarmo francese — il Nord e la Lorena, le principali regioni industriali, essendo alla portata dei suoi colpi. L'adozione di una tale strategia non dava prova di una forte risolutezza; in effetti un certo numero di dirigenti inglesi e, soprattutto, francesi, deplorava la dichiarazione di guerra e si augurava che le vere ostilità non scoppiassero mai. Pensando così, esprimevano l'opinione della maggioranza del popolo francese ancora molto scosso dai ricordi dell'ecatombe del 1914-1918, e al quale ripugnava l'idea di lasciarla

---

[1] Uno slogan faceva allora furore: «Vinceremo perché siamo i più forti».

I SUCCESSI DEGLI STATI FASCISTI

L'Europa nel 1939.

ricominciare. Il popolo inglese era più risoluto ma anche meno minacciato.

Con una tale concezione del loro ruolo, come potevano la Francia e la Gran Bretagna venire in soccorso della Polonia, così come si erano impegnate a fare?

2. *La campagna di Polonia*

A differenza dei suoi alleati, la Polonia era molto decisa a battersi — benché i suoi dirigenti si sentissero molto vicini ai capi nazisti, di cui condividevano l'anticomunismo e l'antisemitismo. Ma la Polonia si illudeva sulle sue forze: mentre i generali credevano di tenere per parecchi mesi, le loro truppe furono sconfitte in pochi giorni dall'irresistibile ariete delle *panzerdivisionen* tedesche. Il rintocco funebre polacco suonò quando, il 18 settembre, l'Armata rossa entrò a sua volta in azione. Il governo polacco si rifugiò in Romania, e il grosso delle truppe cadde prigioniero. Conformemente a una clausola segreta del patto russo-tedesco, la Polonia fu una volta di più smembrata tra i suoi grandi vicini. In definitiva l'Unione Sovietica si annetté i territori popolati in maggior parte da bielorussi e da ucraini che avevano fatto parte della Russia zarista, e portò la Lituania entro la sua zona di influenza. La Germania si annetté Danzica, la Posnania, l'Alta Slesia da dove espulse i polacchi: ma lasciò sussistere, intorno a Cracovia e Varsavia, uno Stato informe, che chiamò «Governo generale», che sarebbe divenuto forse più tardi una «Piccola Polonia» vassalla del Reich — di cui avrebbe potuto servirsi, nell'attesa, in eventuali trattative con gli Alleati.

Questi, in effetti, non avevano alzato nemmeno un dito per soccorrere la Polonia. La garanzia solennemente offerta dall'Inghilterra era rimasta lettera morta — non era stata nemmeno considerata per un momento l'ipotesi di inviare la Royal Navy nel Baltico. L'esercito francese si era limitato a penetrare per qualche chilometro nella Saar, poi aveva fatto dietrofront. Una volta di più, la Francia e la Gran Bretagna si erano mostrate incapaci di aiutare un alleato; un simile atteggiamento passivo era la prova di una notevole debolezza. Un comportamento più aggressivo sarebbe stato pagante? Al processo di Norimberga sono stati rivelati i timori dei generali tedeschi; essi non avevano lasciato a Ovest che una sottile copertura di truppe, mal protetta da una linea Sigfrido incompiuta; a loro avviso, queste deboli corazze avrebbero potuto essere facilmente sfondate. Che ciò fosse in ragione di una mobilitazione molto macchinosa o che l'esercito francese mancasse degli strumenti meccanici atti a uno sfondamento, rimane il fatto che non era stata afferrata un'occasione che non si sarebbe più ripresentata.

3. La drôle de guerre

Cominciò allora un periodo di calma assoluta, che doveva durare più di otto mesi e che è stato chiamato la *drôle de guerre* (la strana guerra). Non se ne può dare la responsabilità ai tedeschi; a più riprese, Hitler aveva dato l'ordine di attaccare ad Ovest, ma il cattivo tempo l'aveva obbligato a differire l'esecuzione. Dal canto loro gli eserciti alleati erano rimasti con le armi al piede. Certo, un simile atteggiamento risultava da un vasto piano di insieme; il tempo era prezioso per permettere alla Gran Bretagna di equipaggiare un potente corpo di spedizione, per ottenere la consegna degli aerei ordinati negli Stati Uniti, per portare a termine così le fortificazioni di campagna che avrebbero prolungato la linea Maginot sino al mare. Ma un'inazione così prolungata era molto dannosa per il morale delle truppe. Tutto questo si spiegava forse con la speranza che la Germania non avrebbe attaccato ad Ovest e che avrebbe rivolto le sue forze contro l'Unione Sovietica? Effettivamente, quando l'Unione Sovietica attaccò la Finlandia nel corso dell'inverno 1939-1940, un'ondata di antisovietismo scosse la Francia; furono concepiti piani per andare in soccorso dei finlandesi; si pensò persino di distruggere i pozzi di petrolio del Caucaso con dei raid aerei che partissero dalla Siria!

In effetti, i dirigenti francesi e inglesi più risoluti — Churchill e Paul Reynaud che, nel marzo 1940, aveva sostituito Daladier come presidente del Consiglio — erano perfettamente coscienti dei rischi di una inazione troppo prolungata. Ma come attaccare la Germania? La via più diretta, se si eccettuava un attacco frontale della linea Sigfrido, era il passaggio per il Belgio. Ora il Belgio era neutrale, e tale intendeva restare; tutti i passi per preparare un ingresso delle truppe alleate nel paese, sulle quali i belgi pure contavano in caso di invasione tedesca, urtarono contro il rifiuto di re Leopoldo. Democrazie entrate in guerra per salvaguardare il diritto dei popoli all'indipendenza non potevano risolversi a violare una neutralità.

Non restava che pensare ad attacchi periferici. Così si immaginò un fronte balcanico, a immagine di quello di Salonicco; ma gli Stati interessati si mostrarono poco propensi a impegnarsi — non essendo troppo certi di essere sostenuti; il solo successo ottenuto fu un mezzo impegno della Turchia, soltanto contro l'Italia.

Gli strateghi alleati volsero allora i loro sguardi verso la Norvegia. In inverno, in effetti, il ferro svedese indispensabile all'industria di guerra tedesca transitava attraverso il porto di Narvik, essendo il Baltico preso tra i ghiacci. Se la strada del ferro fosse stata tagliata vi sarebbe stato un durevole indebolimento del potenziale di guerra tedesco. Inglesi e francesi prepararono dunque una spedizione, il cui comando spettò ai primi; si poteva sperare che il governo norvegese, tradizionalmente anglofilo, dopo aver protestato per la forma, si sarebbe sottomesso. Ma le indiscrezioni filtrarono e i tedeschi precedettero gli Alleati — la Norvegia diverrà una magnifica base di attacco contro l'arcipelago britannico per gli aerei e i sottomarini. Il 9 aprile, le forze tedesche invadevano la Danimarca e la Norvegia; nel primo paese il successo fu completo — le truppe danesi capitolarono, e il governo si sottomise. Nel secondo, la resistenza militare fu più viva e soprattutto, malgrado l'appoggio di Quisling e dei suoi amici, i tedeschi non poterono ottenere che il re Haakon accettasse il fatto compiuto: il re si sarebbe battuto sino alla fine della guerra e avrebbe raggiunto l'Inghilterra. Cacciati da tutti i punti in cui erano sbarcati, gli Alleati riuscirono a conquistare solo Narvik.

4. *La campagna di Francia*

Dovranno abbandonarla essi stessi a causa della gravità degli avvenimenti che, a partire dal 10 maggio, dovevano svolgersi in Francia: malgrado i successi del loro avversario, l'attesa della *drôle de guerre* non era stata interamente perduta per gli Alleati; i francesi ne avevano approfittato per dotarsi di tre divisioni corazzate — la quarta era in formazione; ma i tedeschi potevano impegnarne dieci, meglio strutturate, messe a punto in Polonia e soprattutto raggruppate nei corpi blindati che operavano in perfetta coordinazione con l'aviazione e la fanteria motorizzata. Nel cielo, lo squilibrio era rimasto molto grande; certo, francesi e inglesi possedevano ancora un maggior numero di aerei moderni, e gli apparecchi ordinati negli Stati Uniti cominciavano ad arrivare. Ma mancavano ancora i bombardieri, e invece di concentrare i loro aerei in grandi masse strategiche, come aveva fatto la Luftwaffe, li avevano dispersi tra le diverse armate. Queste erano di una forza pressappoco pari alla Wehrmacht, con tuttavia un numero inferiore di divisioni in servizio attivo. La superiorità tedesca non era assolutamente schiacciante sulla carta; il dramma era che lo sarebbe diventata per il modo in cui la battaglia sarebbe stata impegnata.

In effetti il riposo forzato dell'inverno era stato fecondo per lo stato maggiore tedesco, che aveva deciso di modificare i suoi piani. Hitler aveva rinunciato a rieditare il «piano Schlieffen» del 1914 per adottare il progetto audace di von Manstein, che prevedeva l'attacco principale, attraverso le Ardenne, alla cerniera del dispositivo francese. Non solo i francesi non avevano intuito queste intenzioni ma credevano le Ardenne insormontabili per i mezzi blindati; la copertura delle Ardenne era tenuta da forze deboli, soprattutto da divisioni di riserva. Fu deciso di portare in Belgio il loro sforzo principale, in modo abbastanza paradossale. In effetti, mentre l'alto comando temeva molto una «battaglia frontale» per la quale riteneva l'esercito francese non ancora pronto, per ragioni politiche e psicologiche, e poiché era impossibile lasciar schiacciare l'esercito belga, fu presa la decisione di entrare in Belgio subito dopo l'invasione tedesca; non avendo le truppe francesi il tempo necessario per andare sino alla frontiera orientale del Belgio, al canale Alberto, fu previsto che avrebbero accolto l'esercito belga a metà strada; operazione delicata e insufficientemente preparata con i belgi.

Tuttavia, l'operazione non era cominciata male; all'ala sinistra la VII armata era la stessa che era andata a dare la mano agli olandesi — inutilmente poiché questi erano stati costretti a capitolare dopo tre giorni di lotta. Ma, dal 15 maggio, occorreva far ripiegare le forze franco-inglesi avanzate in Belgio, e che contenevano bene o male gli assalti tedeschi, perché aggirate dal Sud. In effetti, sette divisioni blindate tedesche erano sbucate dalle Ardenne più presto di quanto previsto non avendo incontrato praticamente resistenza.

Il 12 maggio costeggiano la Mosa. Ormai il comando alleato è costantemente preso in velocità, sempre in ritardo di un giorno o di un'idea. Solo il 15 maggio si rende conto della gravità della situazione, ma manca di mezzi blindati e di bombardieri per raddrizzarla e le forze che getta nella battaglia in piccole ondate, sono subito fatte a pezzi. Il 20 maggio, in un gigantesco «colpo di falce» i mezzi blindati di Guderian, dopo aver preso Amiens, si scagliano verso Abbeville chiudendo nella rete l'esercito belga, il corpo di spedizione britannico e le migliori unità francesi.

Il generale Weygand, che ha sostituito Gamelin come generalissimo alleato, concepisce allora un piano logico per spezzare la morsa e permettere alle truppe accerchiate, con attacchi congiunti, partiti dal Nord e dal Sud, di ritirarsi verso il Sud. Ma la sconfitta è sempre fatale alle coalizioni; ognuno non pensa che a sé. Mentre il re del Belgio capitola senza avvertire gli Alleati, il corpo di spedizione britannico, di iniziativa del suo capo, batte in ritirata verso il Nord per reimbarcarsi. Un errore di Hitler, che ferma i suoi blindati, permette l'evacuazione di Dunkerque, tra il 26 maggio e il 4 giugno, di 330.000 uomini: ciò avviene al prezzo dell'abbandono di tutto il materiale pesante. Ormai non vi è più nulla dell'esercito britannico in Francia; in Inghilterra nemmeno.

Weygand cerca di formare un fronte continuo, più stretto, sulla Somme e sull'Aisne. Le truppe francesi si battono bene, ma la potenza tedesca è irresistibile. Il fronte è spezzato tra il 4 e l'8 giugno. Oramai, i blindati tedeschi dilagano in tutte le direzioni: nulla può impedir loro di raggiungere l'Atlantico, i Pirenei e il Mediterraneo, per dare una mano agli italiani, entrati in guerra il 10 giugno, quando i giochi sono ormai fatti. Il governo francese, rifugiato a Bordeaux, nel mezzo di un esodo pietoso di molti milioni di persone, dopo aver abbandonato un progetto di «ridotta bretone», rifiutato una stretta fusione con la Gran Bretagna proposta da Churchill, e rinunciato a partire per l'Africa del Nord, si decide a sollecitare un armistizio dopo che il generale Pétain ha sostituito Paul Reynaud alla guida del governo. L'armistizio è firmato a Rethondes e a Roma; entra in vigore il 25 giugno. La vittoria tedesca è brutale quanto totale; stupisce il mondo intero. Stalin si felicita calorosamente con Hitler.

5. *La battaglia d'Inghilterra*

Ormai la Gran Bretagna è sola nella lotta. Va continuata una lotta così ineguale? Alcuni dirigenti inglesi si interrogano: il vecchio Lloyd George non potrebbe trattare con Hitler? Ma Churchill, divenuto primo ministro in maggio, respinge le *avances* tedesche. Dalla sua sola determinazione dipende in questo momento l'avvenire del mondo libero. Contando sull'appoggio americano, avendo fiducia nella potenza del Commonwealth, il vecchio lottatore crea intorno a sé l'unione del popolo britannico, che egli stesso galvanizza con la sua energia. Ma gli inglesi hanno i mezzi per resistere? Certo, la Royal Navy è in grado di impedire uno sbarco nemico sebbene una delle lezioni della guerra di Norvegia sia stata la vulnerabilità delle più potenti navi da battaglia sotto gli assalti degli aerei. La marina tedesca, troppo provata in Norvegia, si dichiara incapace di appoggiare un'operazione, alla quale Hitler rinuncia con tanta maggiore facilità in quanto Goering si fa forte di questa tesi per riportare la decisione unicamente alla Luftwaffe.

Comincia allora, nell'estate del 1940, una straordinaria battaglia, senza precedenti, che si impegna soltanto nei cieli, battezzata come «Battaglia d'Inghilterra». Con sorpresa generale, grazie a un'invenzione tecnica di cui hanno quasi il monopolio, il radar, grazie anche alla superiorità dei loro caccia, gli inglesi infliggono perdite così pesanti all'aviazione tedesca che questa deve rinunciare ai grandi combattimenti per limitarsi ai bombardamenti terroristici di città aperte, Londra soprattutto, nella vana speranza di abbattere il morale britannico.

6. *La guerra in Africa*

Lungi dal disperare, Churchill ha deciso di portare la guerra lontano dalla Gran Bretagna, in Africa; i pochi carri che l'esercito inglese possiede ancora sono inviati in Egitto, dove affluiscono australiani, neozelandesi e indiani. Mentre la marina italiana è duramente colpita a

Taranto e a Genova e, partendo dal Sudan e dall'Africa del Sud, le truppe del Commonwealth vanno alla conquista dell'Eritrea e dell'Etiopia, l'esercito di Graziani, che Mussolini vedeva già entrare vittoriosamente al Cairo, è fermato e ricacciato nel deserto libico; alla fine del 1940-inizio del 1941, gli inglesi progrediscono di 700 chilometri e catturano 100.000 prigionieri. È la dimostrazione della debolezza italiana almeno in questo settore.

Intanto gli inglesi hanno visto giungere a Londra i sovrani e i governi legittimi dei paesi occupati — Norvegia, Olanda, Polonia, Cecoslovacchia, Belgio — ai quali si sono aggiunti un pugno di francesi che hanno risposto all'appello lanciato il 18 giugno dal generale De Gaulle; uniti sotto la bella bandiera di «francesi liberi» essi continuano la lotta in violazione dell'armistizio e malgrado il riconoscimento unanime del nuovo regime francese, detto di Vichy, come l'autorità legittima della Francia. Le flotte danese, norvegese e olandese, l'Indonesia, il Congo belga, l'Africa equatoriale raccolta intorno a De Gaulle sono delle carte vincenti non trascurabili per gli inglesi. Essi contano soprattutto, a dire il vero, sull'aiuto americano, che è loro assicurato a partire dal marzo 1941, quando Roosevelt fa votare dal Congresso — è una delle decisioni più importanti della guerra — una legge detta «affitti e prestiti» che prevede da parte degli Stati Uniti la cessione gratuita, e solo contro promessa di rimborso dopo la guerra, del materiale di guerra agli Stati che si battono per la libertà; e per rendere il suo inoltro più sicuro verso le Isole britanniche, gli americani ne scortano essi stessi una parte nell'Atlantico.

7. L'invasione dell'Unione Sovietica

Nella primavera del 1941, la Gran Bretagna non è più in pericolo di morte, pur non avendo riportato grandi successi; tutte le sue iniziative per creare un fronte balcanico, dopo che Mussolini ha invaso la Grecia nell'ottobre 1940, si sono chiuse con dei fallimenti. Certo, un corpo di spedizione inglese ha rimesso piede sul continente; è troppo debole però per sostenere efficacemente i greci, abbastanza forte tuttavia per fermare l'offensiva in Africa da dove è stato richiamato. Quando, nell'aprile 1941, i tedeschi invadono la Jugoslavia, colpevole di aver rifiutato di aderire al «patto tripartito», e contemporaneamente la Grecia per portare aiuto agli italiani, gli inglesi devono indietreggiare, reimbarcarsi precipitosamente e abbandonare anche Creta, in seguito ad un'audace operazione aerotrasportata tedesca; non resta più a re Giorgio che raggiungere il Cairo. Dato che sul continente i tedeschi rastrellano tutte le ricchezze e tutte le attrezzature disponibili, e che la certezza della loro vittoria porta molti occupati, a cominciare dal go-

Le offensive tedesche nell'Urss dal 1941 al 1942.

verno di Vichy, a «collaborare» con loro, l'ineguaglianza delle forze rimane troppo grande tra i due campi, tanto da far supporre che vada accrescendosi a detrimento dell'Inghilterra. Anche se questa non ha perduto la guerra, non si vede però come e quando potrà vincerla. Almeno sino al 22 giugno 1941. Quel giorno la Wehrmacht invade l'Unione Sovietica.

Quest'attacco sorprende totalmente i dirigenti sovietici, Stalin per primo. Essi si erano impegnati in effetti a seguire correttamente il patto con la Germania, pur difendendo puntigliosamente i loro interessi; ma, al tempo stesso, avevano proceduto alle annessioni negli Stati baltici e nella Lituania, a danno della Romania in Bessarabia e in Bucovina, in Finlandia, anche suscitando i malumori di Hitler. Soprattutto il Führer non aveva mai rinunciato al suo grande progetto del *Mein Kampf*, di riprendere verso Est la via tracciata dai cavalieri teutonici e di colonizzare la vasta pianura occupata dagli slavi, questi esseri inferiori, con il vantaggio ideologico supplementare di annientare l'eresia bolscevica.

Hitler lancia in questa crociata una grande armata europea; finlandesi, ungheresi, slovacchi, romeni e italiani, poi contingenti di volontari arruolati nei paesi occupati — ivi compresi alcune migliaia di francesi — si uniscono in effetti ai tedeschi: in totale 205 divisioni di fanteria, 30 divisioni blindate raggruppanti 4000 carri, appoggiati da 3000 aerei, sono lanciati in tre gruppi di armate, il cui obiettivo è contemporaneamente Leningrado, Mosca e l'Ucraina — magazzino di grano e riserva di ferro. È abbastanza per conquistare, occupare e conservare l'immenso territorio dell'Unione Sovietica?

Per sei mesi sembra che la risposta sia affermativa. La debolezza dell'Armata rossa si rivela in effetti tale da lasciare costernati; le «purghe» effettuate da Stalin hanno decapitato il comando supremo; gli effettivi sono numerosi, ma non sono preparati a una guerra moderna; i carri non sono raggruppati in grandi unità; gli aerei da caccia non sono più veloci dei bombardieri tedeschi; le fortificazioni vanno a pezzi. Dopo 18 giorni di guerra la Wehrmacht ha fatto un balzo di 450 chilometri. Il 2 settembre, Leningrado è sotto il fuoco dei cannoni nemici; il 25 settembre cade Kiev; 600.000 prigionieri vengono catturati. Il 2 ottobre comincia l'attacco su Mosca.

Ma, se i russi sono stati piegati, non sono finiti. Per preservare l'avvenire, essi sono riusciti a spostare verso gli Urali e al di là centinaia di fabbriche smontate e centinaia di migliaia di operai. Hanno fatto affluire forze fresche dalla Siberia e modificato il comando supremo — è Zhukov che difende Mosca. Quando arriva l'inverno Leningrado è totalmente investita dalle forze tedesche, ma non cade; dinanzi a Mosca, i tedeschi debbono indietreggiare; era l'ultimo tentativo di guerra lampo; ma questa volta la vittoria non l'ha coronato. In Unione Soare chiaro che la guerra sarà lunga e che si trasformerà in guerra di logoramento. Nella primavera del 1942, i tedeschi sono ancora i più forti per attaccare; essi limitano questa volta i loro obiettivi al Volga e al Caucaso; una volta ancora i russi cedono terreno ma palmo a palmo; hanno imparato a battersi, e sono equipaggiati con materiale nuovo; inoltre il sistema del terrore che i tedeschi hanno instaurato nei territori occupati ha tagliato corto a ogni collaborazione, bloccato ogni disgregazione interna dell'Unione Sovietica.

8. *L'aggressione di Pearl Harbor e le vittorie del Giappone*

Con l'entrata in guerra dell'Unione Sovietica, potenza euroasiatica, la guerra aveva assunto una dimensione nuova; doveva divenire mondiale con il conflitto americano-giapponese. La disfatta della Francia aveva permesso al Giappone di introdursi in Indocina, con il consenso forzato del governo di Vichy, in modo da tagliare la via e la strada ferrata verso lo Yunnan e isolare la Cina. L'attacco tedesco contro l'Unione Sovietica sorprese i dirigenti giapponesi ma essi rifiutarono l'invito tedesco di invadere la Siberia; si prepararono invece con scrupolo a conquistare in tempi brevi tutta l'Asia del Sud-Est. La condizione preliminare era di garantirsi contro un attacco della flotta americana; un raid audace di molte migliaia di chilometri sorprese la flotta americana all'ancoraggio di Pearl Harbor, il 7 dicembre 1941; il successo fu completo; agli americani restarono solo tre portaerei in grado di combattere. Due giorni dopo, gli aerei giapponesi colavano a picco due potenti corazzate della Royal Navy. Per molto tempo i mari dell'Asia dovevano restare dominio riservato delle forze aeronavali nipponiche.

Attaccati così a tradimento, gli Stati Uniti entrano in guerra con una risoluzione unanime, come non lasciavano presagire le vivaci discussioni del periodo precedente. Ma se il loro potenziale industriale è immenso, per il momento essi non dispongono ancora di una vera industria di guerra, né di un potente esercito; la loro aviazione è appena nata, e la metà della loro flotta di combattimento è affondata. Nel frattempo, le vittorie giapponesi sono rapide e totali. Nel giro di qualche mese i giapponesi si impadroniscono di Hong-Kong, delle Filippine, degli atolli del Pacifico centrale, dell'Indonesia, della Malesia e di Singapore, poi della Birmania, dopo essersi introdotti pacificamente nel Siam. Ovunque, essi sono aiutati dai nazionalisti indigeni sollevati da un potente soffio di rivolta contro il colonizzatore bianco. L'India e l'Australia sono minacciate, e truppe debbono essere richiamate dal Medio Oriente per difenderle dalle manovre di avvicinamento.

Certamente, nel Pacifico, le superfici da dominare sono infinitamente più vaste che in Europa; Tokyo è distante 6500 chilometri dalle isole Hawai e 10.000 chilometri separano Midway dalla Birmania. I giapponesi debbono contemporaneamente approvvigionare le loro truppe, proteggere i loro convogli contro i sottomarini americani e mettere il loro immenso e nuovo impero nello stato di difendersi e di produrre, prima che gli americani siano capaci di passare all'offensiva. Essi sperano quindi di dissuaderli a tentare l'avventura. Resta da sapere se la loro flotta da guerra, la loro aviazione, la loro marina mercantile e la loro economia possederanno la forza necessaria per portare a termine le missioni gigantesche che sono loro affidate.

Ma i loro successi, aggiunti a quelli della Germania, rendono molto precaria, dal giugno 1941 alla primavera del 1942, la posizione dei loro avversari. Sul momento, l'inesperienza americana non fa che accrescere i successi dei sottomarini tedeschi nell'Atlantico e il tonnellaggio, catastrofico, delle navi colate a picco. Il piano ambizioso della divisione del mondo che la Germania, il Giappone e l'Italia hanno disegnato unendosi nel «patto tripartito» nel settembre 1940 sta forse per realizzarsi?

II. Gli imperi dell'Asse

Nei territori conquistati, i tre Stati dell'Asse mettono in atto, all'incirca, lo stesso tipo di dominazione: amministrazione, diretta o indiretta, nel senso voluto da loro, sfruttamento delle risorse in prodotti e manodopera per il loro solo profitto, propaganda insistente e censura vigilante, soppressione di tutte le libertà, reclutamento di «collaboratori», dura repressione, mediante polizie implacabili, dei minimi gesti di opposizione, annientamento di intere categorie di persone considerate, in linea di principio, come nemiche.

1. *L'impero italiano*

Tuttavia, tra i tre Stati vittoriosi, l'Italia è la meno favorita dalla sorte. Certo, gli appetiti di Mussolini erano grandi; nel corso stesso del conflitto, il Duce pretendeva di condurre a modo suo una «guerra parallela» nel suo settore riservato — il bacino del Mediterraneo. Egli ricordava in ogni occasione le sue rivendicazioni territoriali — Nizza, la Corsica, la Tunisia, Gibuti, il Sudan, una parte dell'Algeria, l'Epiro, la Dalmazia, ecc. In effetti la debolezza italiana, presto divenuta chiara, aveva singolarmente ridotto l'autorità del Duce e le sue pretese. I territori occupati dalle truppe italiane si limitavano a pochi arpenti delle Alpi francesi sino al novembre 1942 (estesi al territorio tra il Rodano e le Alpi e alla Corsica dopo questa data), a dei non grandi territori della costa dalmata e della Jugoslavia. La Croazia era, in linea di principio, uno Stato vassallo. Mussolini aveva poco da raccogliere in queste magre conquiste. D'altronde se la polizia segreta, l'Ovra, imperversava duramente, i capi militari, più monarchici che fascisti, si mostravano abbastanza poco rigorosi; a Nizza essi si rifiutarono anche di applicare le leggi antisemite decise dal governo di Vichy. In ogni modo, nel settembre 1943 non restava più nulla all'Italia né dell'impero costituito prima della guerra, né della parte aggiunta col favore delle ostilità.

2. L'Europa tedesca

Nella primavera del 1942, la dominazione tedesca si estendeva dal Capo Nord al Mediterraneo e dal Finisterre al Volga e al Caucaso — impero senza precedenti nella storia d'Europa. Il ritmo accelerato delle annessioni e qualche secondo fine di Hitler facevano di questa vasta estensione un aggregato di territori, con statuti differenti.

Le regioni che avevano già appartenuto al Reich gli erano state riunite puramente e semplicemente: Eupen e Malmedy, il Lussemburgo, l'Alsazia Lorena (in violazione dell'armistizio di Rethondes), alcuni cantoni della Slovenia, Danzica, la Posnania e l'Alta Slesia — provvisoriamente, per opportunismo lo Schleswig danese costituiva un'eccezione[1].

Le altre lingue, al di fuori del tedesco, erano proibite, venivano applicate le leggi del Reich, era decretata la coscrizione obbligatoria, gli elementi «stranieri» — i lorenensi francofoni per esempio — venivano espulsi. Mescolanze di popolazioni completavano l'unificazione — tali i trasferimenti di intere popolazioni di villaggi alsaziani sull'altra riva del Reno.

Su questo punto, le intenzioni di Hitler erano chiare. Ma su altri il Führer si guardava bene dal rivelare i propri obiettivi. Era certo che avrebbe imposto il ritorno al Reich delle sue ex colonie; aveva fatto allusione a volte anche a «basi» sull'Atlantico, soprattutto in Marocco, in un territorio che ambivano la Spagna e l'Italia; la delimitazione della «zona mediterranea» attribuita a quest'ultima restava generica; infine, sul metodo da seguire per far rientrare nel grembo della patria tedesca le colonie di emigrati — i *Volkdeutsche* — Hitler conservava il silenzio. Questa nozione di *Volkdeutsche* non era neanche ben definita perché i fiamminghi, i norvegesi, gli olandesi, i borgognoni e anche a volte i normanni, erano considerati come tali nella mitologia nazista[2]. Soprattutto l'avvenire dell'Europa centrale e orientale restava nebuloso; avrebbe conservato una Polonia residua, sorta di «granducato di Varsavia»? Avrebbe creato in Unione Sovietica vasti Stati vassalli, come l'Ucraina?

In attesa della vittoria, i nazisti sembravano più interessati all'integrazione delle loro conquiste nel loro sforzo di guerra. Le regioni occupate nell'Unione Sovietica, tutta l'Europa occidentale esposta ai

---

[1] Dopo la caduta di Mussolini a questa lista si aggiungerà il Tirolo del Sud, per il quale era già stato iniziato precedentemente un trasferimento di popolazioni, realizzato a metà.
[2] Senza parlare degli emigrati fuori dell'Europa — negli Stati Uniti e Brasile, per esempio.

colpi degli inglesi, restavano sottomesse all'amministrazione militare; ma la Norvegia e l'Olanda avevano un alto commissario tedesco; era quasi lo stesso in Boemia, qualificata puramente e semplicemente «protettorato del Reich». Intorno gravitavano gli Stati satelliti divenuti alleati della Germania nella sua lotta, e diretti da dittatori che si ispiravano, più o meno, al modello nazista — Slovacchia, Ungheria, Romania, Bulgaria, Serbia e, a un livello minore, il governo di Vichy. Infine, ideologicamente, la Spagna aderiva al blocco tedesco[3] e, commercialmente, la Svezia e la Turchia, rimaste neutrali, avevano dovuto integrarvisi.

Economicamente, tutta l'Europa era sfruttata a fondo. Le requisizioni e le spoliazioni erano state la prima regola ed esse continuarono durante tutta la guerra in Polonia, in Jugoslavia e in Unione Sovietica. Nell'Europa occidentale e centrale furono portate a termine con metodi più sottili e più efficaci. Così, ad esempio, il tasso del marco, divenuto moneta europea, fu sopravvalutato per facilitare acquisti a basso prezzo: al tempo stesso il mantenimento delle truppe di occupazione fu fatto gravare sugli Stati occupati, per la loro «difesa»: ma il suo tasso non aveva alcun rapporto con gli effettivi delle truppe[4], ciò che procurò al tesoro tedesco crediti quasi illimitati che permettevano, a ogni «correzione», di acquistare praticamente tutta l'economia europea. Al tempo stesso, «accordi» commerciali di permuta, applicati unilateralmente, avviavano innumerevoli derrate in grandi quantità verso la Germania, da dove non uscivano, in cambio, che promesse di rimborsi successivi.

In questo settore, il piano tedesco si delineava via via; al Reich sarà riservata, con l'autorità politica, la direzione economica dell'Europa infine unificata — uno dei *leitmotiv* della propaganda tedesca; la Germania si attribuirà il monopolio dell'industria pesante, che conferisce potenza, e nello stesso momento quello della cultura, che apporta prestigio; gli altri paesi saranno condannati a fornire, in una sorta di «patto coloniale», materie prime e prodotti alimentari; un'immensa impresa di colonizzazione, l'«Ostland», nel corso stesso del conflitto, aveva intrapreso ad installare coloni germanici nei territori popolati dagli slavi, e anche in Lorena e nelle Ardenne, in una misura che era al tempo stesso di valorizzazione e di difesa dell'impero tedesco.

---

[3] Sollecitato ad entrare in guerra da Hitler, nell'incontro di Hendaye, nell'ottobre 1940, Franco aveva posto tali condizioni di forniture di materiale e di promesse di annessione (Gibilterra, Marocco, Orano, Rossiglione) che Hitler aveva desistito.

[4] Quattrocento milioni di franchi al giorno in Francia, ciò che avrebbe permesso il mantenimento di dieci milioni di soldati!

LO SFORZO DI GUERRA DEL GRANDE REICH

	1939	1940	1941	1942	1943	1944
Produzione di carbone (in milioni di tonnellate)	332,8	364,8	402,8	407,8	429	432,8
Produzione d'acciaio (in milioni di tonnellate)	22,5	21,5	31,8	32,1	34,6	28,5[1]
Produzione di carburanti sintetici (in migliaia di tonnellate)		4.650	5.540	6.360	7.510	5.400[2]
Manodopera tedesca (in migliaia)	39.100	34.800	33.100	31.300	30.300	29.000
Manodopera tedesca nell'industria (in migliaia)	10.855	9.745	8.861	8.011	7.948	7.515
Manodopera straniera in tutta l'economia tedesca (in migliaia)	300	1.150	3.020	4.120	6.260	7.130
Manodopera straniera nell'industria (in migliaia)	104	236	644	1.001	2.061	2.367
Effettivi mobilitati (in migliaia)	1.336	5.600	7.400	9.400	11.235	12.385
Produzione di cannoni	2.000	5.500	7.000	12.000	27.000	41.000
Produzione di carri		2.200	5.120	9.395	19.885	27.300
Produzione di aerei	8.296	10.247	12.400	15.409	24.807	37.950
di cui:						
Aerei da bombardamento	2.886	3.952	4.350	6.537	8.589	6.468
Aerei da caccia	1.856	3.146	3.744	5.215	11.738	28.925

[1] Da 9,2 milioni di tonnellate nel primo trimestre, la produzione era caduta a 3,9 nel quarto.
[2] I piani di Goering prevedevano una produzione di 10 milioni di tonnellate nel 1945; nel febbraio 1945, essa era di 1.000 tonnellate.

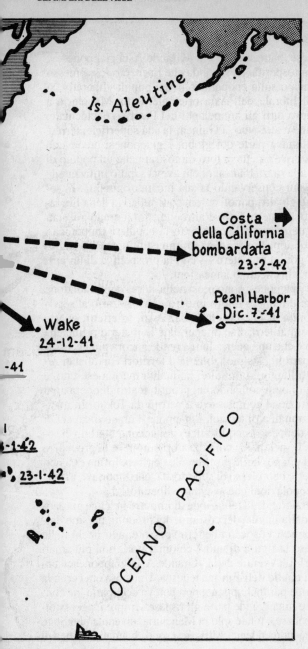

L'avanzata giapponese dal dicembre 1941 al marzo 1942.

3. La Grande Asia giapponese

L'impero giapponese, battezzato ora la «Grande Asia giapponese», ora la «sfera della coprosperità», a seconda che l'accento fosse messo sulla vittoria nipponica o sulla cooperazione dei popoli «liberati», si estendeva su tutto il litorale dell'Asia orientale, dalla Manciuria a Rangoon; comprendeva tutti gli arcipelaghi del Pacifico occidentale, fino alle isole Aleutine e alla Nuova Guinea; la sua superficie, terre e mari, era uguale all'ottava parte del globo. I giapponesi credevano nella loro missione storica; spettava loro dimostrare che un popolo di colore era superiore alla razza bianca, di cui aveva saputo utilizzare la scienza e la tecnica, pur conservando la sua innata originalità. In seguito avrebbe guidato gli altri popoli colonizzati sulla via della liberazione e del progresso. A questo fine, d'altronde, sforzi erano già stati tentati prima della guerra per collocare sotto la bandiera nipponica i nazionalismi nascenti; dopo la conquista furono istituiti un «Consiglio della Grande Asia», poi un ministero — con la prospettiva di un'amministrazione diretta, altrimenti di annessioni.

Nell'immediato, i giapponesi sono presi nella stessa contraddizione dei tedeschi. Occorre difendere il loro impero e valorizzarlo al servizio della loro economia di guerra. Grazie ad esso, in effetti, questa economia possiede ormai le risorse di energia e le materie prime che prima le mancavano e che una guerra lunga rende ancora più necessarie: carbone, ferro, petrolio, stagno, gomma. I territori conquistati restavano dunque sotto l'autorità militare; la dualità marina-esercito, e la gelosa autonomia di ogni comando nel proprio teatro di operazioni intralciavano una direzione complessiva a partire da Tokyo. In mancanza di tempo, di capitali e di tecnici, i giapponesi erano incapaci di sviluppare le risorse dei paesi conquistati; essi si accontentarono di sostituire sia nel bene che nel male i colonizzatori europei e di procedere a uno sfruttamento il più possibile profittevole per loro. Infine essi non erano esenti da un certo complesso di superiorità, che li portava in parte a disprezzare le popolazioni che avevano «liberato».

Di conseguenza era grande la tentazione di imporre la legge giapponese, con l'obbligo della lingua, dei costumi, dei prodotti, persino della religione: i giapponesi vi soccombettero spesso e, agli occhi delle *élites* indigene, fecero la figura di nuovi colonizzatori, non più amati dei loro predecessori. L'avvenire della «Grande Asia giapponese» era altrettanto incerto di quello dell'Europa tedesca. Una cosa era certa: la Cina era troppo grande per il Giappone; non poteva occuparla, né conquistarla interamente; una grande parte gli rimase sempre inaccessibile. L'influenza giapponese è totale solo in Manciuria, divenuta uno Stato satellite, teoricamente indipendente. Altri paesi sono chiamati, in linea di principio, a ricevere uno statuto analogo; la Birmania e le Filippine nel 1943, gli Stati malesi e le Indie olandesi alla fine del conflitto. Borneo e la Nuova Guinea saranno puramente e semplicemente delle colonie.

La fedeltà dell'alleato siamese è compensata da annessioni ai danni della Cambogia. Ma in Indocina, il Giappone conserva, per sua comodità, l'amministrazione francese, almeno sino al 1945. In tal modo sussiste un colonialismo europeo ambiguo. Quanto all'India sembra che i giapponesi non l'abbiano giudicata abbastanza matura per autoamministrarsi; in ogni modo, durante il conflitto, essa resta fuori della loro portata.

4. *Il collaborazionismo*

Nei paesi occupati, i vincitori proclamano la loro volontà di instaurare un «ordine nuovo»; per ideologia, opportunismo o venalità, si formano gruppi i cui capi affermano la loro volontà di integrarsi. Sono i *collaborazionisti*. L'Italia non ne aveva reclutati molti, ad eccezione che nelle colonie abbastanza numerose di emigrati nella Francia meridionale o in Tunisia, che gli ex consoli avevano cercato di irreggimentare; in Corsica fu uno scacco completo — il pugno di partigiani di una Corsica italiana restarono prudentemente in Italia; i loro compatrioti li avrebbero fatti a pezzi.

La Germania nazista riportò più ampi successi. Fece accordare ovunque uno statuto privilegiato alle colonie di *Volksdeutsche* disseminate in Ungheria, Romania, Slovacchia e Croazia; in pratica, questi tedeschi di origine ebbero una doppia nazionalità; essi conservavano la loro lingua, si univano dietro un capo che riconosceva Hitler come suo Führer, si amministravano anche, e volgevano a volte le tasse a loro profitto.

Nei territori occupati, la propaganda nazista era particolarmente abile e tenace. Si esercitava in tutti i modi, stampa, libri, cinema, ma soprattutto radio; le biblioteche erano sottoposte a un processo di epurazione, venivano organizzati cicli di conferenze così come concerti, esposizioni, o rappresentazioni teatrali. Malgrado qualche rivalità dei servizi, erano in definitiva i metodi inaugurati in Germania da Goebbels ad essere applicati con successo. Mentre una censura puntigliosa e sempre in agguato si sforzava di bloccare ogni deviazione, gli stessi slogan erano ripetuti all'infinito: nocività dei comunisti, delle democrazie liberali, dei massoni e degli ebrei; condanna del capitalismo; affermazione della superiorità del socialismo fascista, «portato dalla storia»; promesse di pace e di prosperità in un'Europa infine riconciliata sotto la ferula tedesca, ecc. Fin quando durarono le vittorie della Wehrmacht, questa propaganda portò i suoi frutti; in seguito non potrà più granché contro la realtà dei fatti. Gruppi di collaborazionisti si costituirono un po' dappertutto — salvo in Polonia e in Unione Sovietica, dove la durezza sistematica dell'occupazione realizzò l'unanimità

L'espansione giapponese e le grandi direttrici d'avanzata degli Alleati nel Pacifico.

GLI IMPERI DELL'ASSE

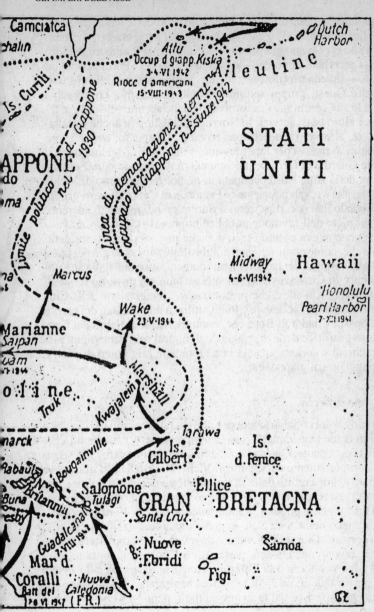

della popolazione contro l'occupante, a dispetto delle tendenze separatiste delle minoranze allogene. Per la maggior parte erano movimenti fascisti che esistevano già prima della guerra, ma il numero dei loro aderenti si accrebbe; oppure — questo fu il caso del «Partito popolare francese» — divennero filotedeschi; altri furono creati grazie ai sussidi tedeschi. Questi gruppi scimmiottavano il nazismo, copiavano i suoi riti e le sue cerimonie ma fornivano anche accoliti alle polizie tedesche per i loro bassi servizi. In Norvegia, Quisling fu anche installato al potere; altrove, i tedeschi preferivano, più spesso, tenere i loro collaboratori di riserva per fare pressioni sulle autorità del luogo. Fu il caso della Guardia di ferro nella Romania di Antonescu o, in Francia, dei gruppi della zona Nord occupata in rapporto al governo di Vichy. In generale, altrove, salvo forse nelle Fiandre e in Croazia, questi gruppi di collaborazionisti non riuscirono a riunire grandi masse di aderenti; la maggior parte dell'opinione pubblica li ignorava o li disprezzava.

Il Giappone aveva potuto servirsi anche di suoi cittadini residenti all'estero che, come commercianti e industriali, vivevano già nei paesi conquistati; la spinta dei nazionalismi indigeni, suscitata dalla sua vittoria, l'aiutò. In Cina aveva creato, a Nanchino, un governo rivale di quello di Chang Kai-shek, che preconizzava l'integrazione della Cina nella nuova Asia; per sollevare l'India, utilizzò un militante del partito del Congresso, Chandrah Bose che, contrariamente a Nehru e a Gandhi, voleva profittare delle disgrazie degli inglesi per cacciarli; un piccolo esercito di volontari, arruolati tra gli indiani prigionieri di guerra, fu equipaggiato dai giapponesi.

5. *Il regime di Vichy*

Il paradosso dei collaborazionisti è che essi si dicevano nazionalisti, e alcuni lo erano sinceramente, ma al tempo stesso accettavano l'egemonia dell'occupante. Questa contraddizione è particolarmente sensibile nel comportamento del regime di Vichy. Nato dalla disfatta, aveva beneficiato del discredito della III Repubblica e dei partiti politici, che se ne erano resi responsabili. Il suo capo, il maresciallo Pétain, era oggetto di un'immensa popolarità e, durante l'estate del 1940, aveva realizzato, almeno nella zona Sud, la quasi unanimità nazionale intorno alla sua persona. Due serie di misure dovevano compromettere queste premesse favorevoli. Da una parte, sotto l'influenza soprattutto di Charles Maurras, teorico dell'*Action française*, il maresciallo Pétain finisce per instaurare un regime nuovo, battezzato «Rivoluzione nazionale» che differisce dal fascismo su molti punti[5] ma che vi si avvi-

---

[5] Soprattutto per l'influenza lasciata ai notabili e alla Chiesa o per l'assenza di un partito unico.

cina per altri; il primo risultato della Rivoluzione nazionale è di colpire alcune categorie di francesi — comunisti, socialisti, ebrei, massoni; il suo peccato originale è di realizzarsi sotto l'occupazione e di reggersi con l'approvazione dell'occupante. D'altra parte, convinti che la vittoria della Germania è definitiva, i dirigenti di Vichy si impegnano in una politica di collaborazione con il vincitore; essi sperano di far fruttare alcuni *atouts* lasciati alla Francia dall'armistizio per ottenere una attenuazione delle sue clausole più dure — il ritorno dei prigionieri di guerra soprattutto. Ma Hitler si sottrae costantemente e non fa nessuna concessione; benché il rovesciamento delle alleanze, ricercato da Pierre Laval, sia rifiutato da Pétain, la politica di collaborazione serve l'occupante senza far guadagnare nulla ai francesi; va controcorrente rispetto all'evoluzione del conflitto; gli insuccessi della Wehrmacht rendono evidente ai francesi il fatto che la loro liberazione può realizzarsi solo con la vittoria degli Alleati.

6. *I prigionieri di guerra*

Tanto più che il comportamento degli occupanti, reso via via più rigoroso in conseguenza dei loro insuccessi e delle loro necessità, può difficilmente trarre dalla loro parte le popolazioni. Una delle conseguenze della «guerra lampo» era stata la cattura di milioni di prigionieri di guerra. Se una minoranza tra questi era stata rinchiusa negli *oflags* e negli *stalags*, la grande massa è messa al servizio dell'economia tedesca e del suo sforzo di guerra, nei *kommandos* industriali o agricoli. Con promesse, il più delle volte false, di liberazione o di miglioramento della loro condizione o con la costrizione, l'autorità tedesca si sforza di accrescere il loro rendimento. Poiché l'Unione Sovietica non ha firmato le convenzioni che li proteggono, i prigionieri sovietici sono particolarmente maltrattati.

7. *Il terrore SS*

Quando l'autorità militare esercitava realmente il potere, applicava le leggi di guerra, fermamente ma normalmente; gli oppositori smascherati erano giudicati come spie dai tribunali, fucilati a volte, più frequentemente internati; il sistema degli ostaggi — vale a dire l'applicazione di sanzioni nei confronti di persone innocenti, strumento del potere per scoprire i colpevoli — offusca certamente questo comportamento ma è tuttavia moderato rispetto a quello che le SS introducono a poco a poco ovunque[6]. In Unione Sovietica, all'inizio dell'invasione la Wehrmacht aveva accettato che la SS fosse incaricata di

---

[6] *Schutzstaffeln der Nationalsozialistischen Arbeitspartei.*

«assicurare» l'ordine nelle retrovie; per permettergielo il maresciallo Keitel aveva promulgato, nel dicembre 1941, il decreto «Notte e nebbia» che l'autorizzava a operare secondo il più assoluto arbitrio. Da allora le esecuzioni immediate dei comunisti, degli ebrei, dei nemici reali o supposti, si moltiplicarono, insieme a massacri collettivi, distruzioni di villaggi, trasferimenti brutali di popolazioni. Questi metodi di terrore sistematico furono introdotti in Europa occidentale a partire dal 1943; in particolare, le persone sospettate di ostilità all'occupante furono crudelmente torturate.

8. *I campi di concentramento*

È la SS che riprende l'istituzione, tipicamente nazista, dei «campi di concentramento». Aperti dapprima per i tedeschi ostili al regime, teoricamente per rieducarli, in effetti per impedirgli di nuocere, i campi si moltiplicarono dopo l'apertura del conflitto; essi divennero città internazionali di molte decine di migliaia di abitanti loro malgrado, mondi chiusi dove si instauravano una gerarchia sociale, un'economia chiusa, vere fabbriche di morte. Tredici grandi campi si disperdevano in migliaia di *kommandos*, dove la SS impiantava le proprie imprese. I campi delineavano forse «l'ordine» che i nazisti destinavano al mondo dopo la loro vittoria; fecero milioni di vittime. Alcuni tra loro — il complesso di Auschwitz-Birkenau soprattutto — erano riservati agli ebrei. Verso questi l'odio dei nazisti non conosceva limiti. L'ebreo era, nella loro propaganda, dotato di tutte le tare, fisiche, intellettuali e morali. Essi denunciavano nell'ebraica «accozzaglia» il creatore del capitalismo, della democrazia e del bolscevismo; l'ebreo doveva essere estirpato come un germe di disgregazione delle nazioni — «l'antirazza». In nome di questa condanna metafisica, gli ebrei furono umiliati, esclusi dalla comunità sociale, spogliati con il sistema dell'«arianizzazione delle aziende», chiusi nei ghetti in Europa orientale e avviati verso campi specializzati dove venivano sterminati in massa — sei milioni di loro furono così assassinati[7].

9. *La resistenza clandestina*[8]

La risposta degli occupati all'occupante fu la resistenza clandestina.
È molto significativo che essa si sia sviluppata in tutti i paesi occupati, senza eccezione, e che, malgrado le differenze dovute alla natura

---

[7] I giapponesi hanno dato anch'essi prova di razzismo relativamente ai prigionieri di guerra americani, olandesi e francesi, e soprattutto verso i civili olandesi e francesi. Internati in campi molto «duri», insufficientemente nutriti e curati, esposti alle epidemie molti morirono.
[8] Per uno studio di insieme si consulti il nostro libro *La guerre de l'ombre*, Grasset, 1970.

propria di ciascun paese, abbia conosciuto, nell'insieme, una evoluzione pressoché identica. Ovunque in effetti gli oppressi hanno dimostrato coraggio facendosi beffe dei loro vincitori: assetati di buone notizie essi hanno teso un orecchio attento alle emissioni radiofoniche diffuse dalle stazioni alleate — di Boston e di Mosca ma soprattutto della BBC a Londra; queste notizie, accompagnate da messaggi di speranza, poi da direttive per l'azione, vengono diffuse attraverso la stampa di manifestini, poi mediante la distribuzione di giornali che escono nel modo più regolare possibile.

Nascono così gruppi spontanei, più o meno solidi e durevoli, realizzando tutto ciò che è alla loro portata, mettendo a punto i propri metodi di azione. I sabotaggi della macchina di guerra tedesca divengono progressivamente più numerosi e più efficaci; viene dato aiuto alle persone perseguitate dal nemico — prigionieri di guerra evasi, ebrei, aviatori alleati caduti durante i combattimenti; per farli giungere in luoghi sicuri, si preparano una serie di evasioni, andando dal Belgio ai Pirenei o dalla Polonia all'Ungheria e alla Grecia.

Contemporaneamente operazioni marittime o aeree depositano o prelevano agenti: vengono raccolte informazioni a profitto degli eserciti alleati. I clandestini più coraggiosi attaccano gli amici dei nemici o soldati isolati. A poco a poco, soprattutto dopo i rastrellamenti dei giovani per il Servizio del lavoro obbligatorio in Germania, gruppi di resistenti si nascondono nelle boscaglie o sui monti e si tramutano in gruppi di combattimento — *maquisards* o partigiani. L'insurrezione generale, fatta di scioperi ripetuti, di manifestazioni di massa e di sollevazioni armate nelle città (Parigi o Varsavia) o nelle regioni che più si prestavano a questo (Vercors o Slovacchia) portano a termine il processo con l'apoteosi della liberazione.

10. *Gli Alleati e la Resistenza*

Tuttavia, se la resistenza clandestina poteva talvolta prendere armi al nemico — come i partigiani jugoslavi agli occupanti italiani dopo la capitolazione italiana — essa diveniva e restava forte solo se gli Alleati la armavano.

I militari di carriera, in tutti i paesi, erano diffidenti verso la «guerriglia». Certo gli inglesi, Churchill per primo, ne avevano ben compresa l'importanza; essi avevano creato un servizio speciale per equipaggiarla — lo Special Operations Executive (SOE); a Londra erano i governi in esilio — fra questi il Comitato nazionale francese — che si rivolgevano ai loro compatrioti; la notizia che i Francesi liberi avevano tenuto testa all'Afrika Korps di Rommel a Bir-Hakeim, aveva sollevato tra i francesi occupati un'ondata di entusiasmo e di speranza. Ma gli inglesi non incoraggiano la guerra clandestina che sotto la forma di un logoramento, fatto di molteplici piccole operazioni. Gli americani vi si adatteranno molto male, benché essi abbiano alimentato un focolaio di resistenza ai giapponesi nelle Filippine e, a partire dal 1943, abbiano fornito la maggior parte del loro materiale alla resistenza europea. È l'Unione Sovietica che sa meglio utilizzare la resistenza clandestina perché, sul suo territorio, sotto la stessa direzione, combattono insieme Armata rossa e partigiani; perché in ogni paese può contare sull'appoggio dei partiti comunisti, totalmente impegnati al suo appello, e che posseggono un'esperienza della clandestinità di cui mancano spesso i loro partner; un gran numero di capi comunisti nazionali — Thorez e Togliatti soprattutto — passano tutta la guerra in Unione Sovietica. Ma gli Alleati sono d'accordo su un punto: essi aiutano la Resistenza clandestina soltanto se serve i loro interessi; in caso contrario la combattono.

11. *La Resistenza nell'Europa occidentale*

Nell'Europa occidentale sono gli inglesi che armano e impegnano la clandestinità. In Norvegia, rimasta ai margini delle grandi operazioni, la Resistenza è di ispirazione e di direzione militare, viene impiegata nei sabotaggi di cui il più strepitoso è quello delle industrie che fabbricano «l'acqua pesante». Passiva, per anni, la Resistenza danese; a partire dal 1943 si manifesta soprattutto attraverso gli scioperi, tutta la popolazione restando unita dietro le autorità legittime. In Olanda, si organizza una vasta azione di solidarietà verso le vittime dell'occupante, e si creano reti di servizi di informazioni che l'Abwehr[9] riuscirà a smantellare dopo molto tempo. In Belgio, dominano i servizi per le evasioni, come durante la prima guerra mondiale, oltre che quelli per le informazioni e i sabotaggi.

In Francia, l'azione clandestina è più complessa perché il territorio è stato diviso in zone con differenti statuti. Il discredito dei partiti politici favorisce la formazione di nuovi raggruppamenti, i «movimenti di resistenza», che si sviluppano grazie a un'abbondante stampa clandestina. L'evoluzione generale va nel senso dell'unione e dell'azione: grazie all'opera di Jean Moulin, si costituiscono «servizi» originali — agenzie di stampa, operazioni paracadutate, esercito segreto, opere sociali, comitato di studi; soprattutto, «movimenti», sindacati operai e partiti rinascenti si uniscono nel «Consiglio nazionale della Resistenza», che riconosce l'autorità del generale De Gaulle, a Londra dapprima, poi ad Algeri. Alla fine della guerra, quando il regime di Vichy si disgrega, un vero governo francese dirige una resistenza clandestina che unisce tutte le correnti tradizionali dell'opinione pubblica, che è

---

[9] Servizi speciali della Wehrmacht di informazioni e di controspionaggio.

dotata di un vero esercito interno — le FFI — rodato nei *maquis* e che prepara, nello stesso tempo, la liberazione del territorio e la trasformazione delle istituzioni e delle strutture economiche[10].

12. *La Resistenza nell'Europa centrale e orientale*

Nell'Europa centrale e orientale la Resistenza fu più, e più rapidamente, orientata all'azione diretta; essa fu così attraversata da grandi drammi che andarono sino alla guerra civile. In Unione Sovietica, nel corso del tracollo del primo anno di guerra, grandi unità erano state disarticolate ma non catturate; d'altra parte le istituzioni e il personale dirigente del regime sovietico erano scomparsi; il duplice problema fu di riprendere in mano le truppe sbandate e far rinascere il partito comunista; dopo di che, bande di partigiani di molte migliaia di uomini operarono dietro l'immenso fronte tedesco, in territori troppo vasti perché l'occupazione fosse completa; il loro ruolo consisteva nel tagliare le linee di approvvigionamento molto estese, di trattenere numerose divisioni tedesche lontano dal teatro principale delle operazioni, preparare le offensive dell'Armata rossa. Queste lotte venivano condotte in un clima di esaltazione patriottica che caratterizzava la stretta unità del regime bolscevico con l'eterna Russia.

In Cecoslovacchia, abilmente, il presidente Beneš aveva mantenuto l'unità nazionale accordandosi con l'Unione Sovietica all'esterno e con i comunisti all'interno; l'insurrezione in Slovacchia, nel corso dell'estate del 1944, sarà uno dei grandi momenti della Resistenza in Europa[11]. Un accordo analogo non poté essere concluso in Polonia, in Jugoslavia e in Grecia; i governi in esilio, e i loro partigiani in patria, si scontrarono con le formazioni dei partigiani comunisti, in modi diversi. In Polonia, i ricordi del patto russo-tedesco e la doppia occupazione che ne era seguita non rendevano i polacchi russofili, soprattutto quelli del governo emigrato. Gli sforzi tentati per un riavvicinamento fallirono dopo la scoperta dei cadaveri di molte migliaia di ufficiali polacchi a Katyn, quasi certamente uccisi dai sovietici; Stalin sostenne da allora solo i partigiani comunisti, al punto di lasciar schiacciare dai tedeschi Varsavia insorta nell'agosto del 1944. In Jugoslavia senza l'aiuto russo ma con quello degli inglesi, il capo dei partigiani Tito combatté contemporaneamente gli occupanti, i collaborazionisti croati e serbi e le unità dei «cetnici» resistenti di Mihajlović. Con la loro maggiore

---

[10] Cfr. la nostra *Histoire de la Résistance en France* e *Le courant de pensée de la Résistence*, Presses Universitaires de France, come pure *Jean Moulin l'Unificateur*, Hachette, 1970.

[11] Un grosso colpo della Resistenza ceca fu l'esecuzione di R. Heydrich il «protettore», capo dei servizi speciali del partito nazista, da parte di agenti paracadutati da Londra.

combattività i partigiani prevalsero: nel corso stesso della lotta, essi costituirono la Jugoslavia del dopoguerra, lo Stato federale che si diede un regime comunista. In Jugoslavia, come in Unione Sovietica, la Resistenza aveva formato un vero fronte. In Grecia comunisti e non comunisti si impegnarono tenacemente in una lotta accanita. Gli inglesi, per assicurare il loro dominio sul Mediterraneo, intervennero contro i comunisti, che Stalin lasciò annientare in applicazione di un accordo concluso con Churchill.

Negli Stati dell'Asse, ogni opposizione al regime, mentre il paese era in guerra, equivaleva a un tradimento; un vero dramma di coscienza paralizzò a lungo gli emigrati tedeschi; all'interno, gli oppositori erano stati rinchiusi nei campi di concentramento; tuttavia vi furono sabotaggi, servizi di informazione funzionarono a favore dell'Unione Sovietica; occorrerà l'imminenza della disfatta perché un pugno di capi militari tedeschi cerchi di impadronirsi del potere uccidendo Hitler il 20 luglio 1944; ma il tentativo fallì e gli ufficiali pagarono con la vita il loro gesto disperato. In Italia, l'emigrazione antifascista era più forte e più risoluta, malgrado le divisioni; i fallimenti italiani le permisero di rientrare nel paese e i diversi partiti che la rappresentavano ebbero la saggezza di fare blocco. Tuttavia Mussolini fu rovesciato senza di loro; ma la sua caduta permise però loro di giocare un ruolo più attivo grazie alla formazione di «Comitati di liberazione» che, nella parte del paese liberata, cercarono di imporsi agli Alleati a svantaggio del re Vittorio Emanuele, considerato come uno dei responsabili del fascismo, e che, nella parte occupata dai tedeschi, arruolarono partigiani che combatterono nelle stesse condizioni di quelli francesi e jugoslavi.

13. *La Resistenza in Cina*

È tuttavia in Cina che Mao Tse-tung ora in collegamento con il governo regolare di Chang Kai-shek, ora in conflitto aperto con le sue truppe, dirige l'azione, la più carica di futuro. In effetti, in un vasto territorio relativamente complesso, Mao Tse-tung seppe associare la pratica della guerriglia, di cui egli enucleò le regole essenziali, con l'instaurazione di un regime politico, sociale e culturale nuovo. A differenza del bolscevismo russo, il comunismo cinese recluta nelle masse contadine, piccoli proprietari e braccianti. Nel corso stesso della guerra, l'accento è messo sull'unione necessaria contro il nemico esterno, il Giappone; così pure le terre non sono confiscate, si stabilisce anche una cooperazione con gli industriali capitalisti. Ma, contemporaneamente, si preparano i quadri per l'azione rivoluzionaria che seguirà la liberazione, secondo il principio di un'identificazione tra il partito, l'esercito e il popolo; saranno allora socializzate le terre, le banche, le fabbriche, le grandi imprese. Mao definisce questa lotta come mai finita, sul triplice piano politico, economico e culturale; la rivoluzione continuerà anche quando le strutture dell'ordine borghese saranno scomparse. Si instaura così nel formicaio cinese un comunismo che, pur ispirandosi anche a Lenin, tende a seguire una linea diversa da quella del comunismo sovietico.

14. *Il risveglio dei popoli coloniali*

Le vittorie del Giappone, poi l'esempio dato dalla Cina, contribuirono molto a questo «risveglio». Tale risveglio si produsse inevitabilmente a spese degli Alleati che possedevano imperi coloniali — Gran Bretagna, Francia, Olanda —, ma fu incoraggiato sia dalla politica anticolonialista di Roosevelt, che su questo punto si scontrò con Churchill, sia dalla propaganda dell'Unione Sovietica e dei partiti comunisti. Era d'altronde difficile per l'Inghilterra, entrata in guerra per la libertà dei popoli minacciati dall'imperialismo nazista, e per la Francia e l'Olanda che si battevano per la propria liberazione, non tener conto delle aspirazioni dei popoli che componevano i loro imperi. Tuttavia, Churchill non volle «divenire l'affossatore dell'impero britannico»: egli rifiutò ogni promessa di indipendenza all'India, e combatté i tentativi di dissidenza in Irak e in Egitto[12].

In Asia il comportamento dei giapponesi volse talvolta contro di loro i nazionalisti indigeni — soprattutto nelle Filippine e in Birmania. Le colonie cinesi dell'Insulindia e della Malesia erano focolai di opposizione. In Indocina, il Viet-minh cercò di bilanciare la lotta contro il vecchio colonizzatore e il nuovo. In Indonesia, i giapponesi cercarono di regnare opponendo tradizionalisti musulmani e giovani riformatori. A dispetto degli scontri e dei malintesi, persistette una complicità dei popoli di colore contro gli invasori bianchi; prima di evacuare le località, gli eserciti giapponesi diedero armi e poteri ai nazionalisti, rendendo così molto difficile il ritorno dei colonizzatori europei, soprattutto in Indonesia e in Indocina.

Le lotte che si svolsero in Africa del Nord, nel corso delle quali i due campi, uno dopo l'altro, persero la faccia, incoraggiarono la ribellione degli arabi. Il governo di Algeri dovette promettere l'indipendenza alla Siria e al Libano e accordarla, in effetti, nel corso stesso della guerra; i nazionalisti algerini, che non si erano mossi al tempo di Vichy, cominciarono ad entrare in agitazione dopo lo sbarco americano, e il governo provvisorio dovette promettere ampie riforme. Tuttavia era difficile alla Resistenza francese, che rimproverava i suoi cedi-

---

[12] L'Unione Sovietica temeva avvenimenti simili, in seguito all'avanzata tedesca. Stalin fece deportare in Asia centrale 300.000 tartari dalla Crimea; fu nelle popolazioni allogene di colore che le truppe tedesche reclutarono i loro ausiliari.

menti al governo di Vichy, e che si batteva a sua volta contro i suoi nemici e contro i suoi alleati per preservare l'integrità territoriale della Francia, consentire a una diminuzione della sovranità francese. A Brazzaville, il generale De Gaulle aveva annunciato alle popolazioni nere, molto poco inquiete sino allora, una maggiore autonomia, e non l'indipendenza. È piuttosto paradossale constatare che i nazionalisti arabi, in Irak o nell'Africa del Nord, per ostilità ai colonizzatori abbiano cooperato con la Germania nazista, quando la sua vittoria militare, che avrebbe imposto la propria ideologia, si sarebbe tradotta in una condizione ancora più dura per i popoli colonizzati. Comunque un grande slancio viene dato alla rivolta dei popoli colonizzati: anche in America latina, la rottura con l'Europa e una più stretta dipendenza verso gli Stati Uniti avevano provocato una maggiore ostilità verso gli *yankees*.

15. *L'importanza della Resistenza*

È difficile misurarla, almeno quantitativamente, perché non si può calcolarla in relazione agli effetti e alle battaglie impegnate. Nel complesso, fu soltanto una forza integrativa; sono stati i Grandi Alleati a vincere la guerra; senza di loro la Resistenza si sarebbe a poco a poco spenta; nella stessa Unione Sovietica essa ebbe un ruolo secondario rispetto a quello dell'Armata rossa. Tuttavia, anche sul piano militare, gli effetti della Resistenza non debbono essere minimizzati; nell'epoca della guerra tecnologica, essa ha dimostrato che le forme di lotta più elementari possono sussistere con possibilità di successo. Ma è soprattutto in campo politico che le conseguenze dell'azione della Resistenza sono state di maggior rilievo e di maggiore durata. Se alcuni Stati, come la Norvegia, l'Olanda e il Belgio sono tornati, pressappoco, alla situazione prebellica, altri come la Francia e l'Italia hanno conosciuto trasformazioni profonde, se non una vera e propria rivoluzione. Ovunque i comunisti, con l'Unione Sovietica, ne sono stati i grandi beneficiari; non solo con il loro spirito di lotta hanno ridotto allo stato di ricordo il patto russo-tedesco, ma si sono spesso installati in modo durevole al potere; per le democrazie popolari dell'Europa centrale e orientale, la data di nascita è quella dell'insurrezione nazionale, nella clandestinità; sul piano dottrinale, una parte dell'insegnamento di Lenin, ne abbiamo avuto la dimostrazione, non era invecchiato. È tuttavia fuori di Europa, in Cina in primo luogo, che le trasformazioni andranno più lontano. Ma ovunque si può dire che la lotta dei popoli occupati per la loro liberazione ha notevolmente contribuito a modellare il mondo del dopoguerra, si tratti delle strutture politiche ed economiche o delle mentalità.

III. Forze e debolezze della Grande Alleanza

La Gran Bretagna, l'Unione Sovietica e gli Stati Uniti erano divenuti alleati perché costretti dagli attacchi subìti da parte della Germania e del Giappone. Mettere in comune tutte le risorse e impegnare le loro forze secondo piani concordati, dava loro una potenza schiacciante. Ma i problemi da regolare per raggiungere questo obiettivo erano giganteschi. Occorreva, in primo luogo, vincere le diffidenze reciproche dovute a ideologie e mentalità molto diverse tra loro; mobilitare tutta la loro economia e fabbricare un armamento superiore in quantità e in qualità a quello dei loro avversari, quando questi, preparati da tempo, avevano acquisito un forte anticipo; accordare le loro strategie; determinare i fini della guerra che non li mettessero troppo in opposizione. Il vantaggio di cui beneficiavano la Germania e il Giappone era duplice: unità di direzione e comodità di linee interne di comunicazione. Tuttavia l'uno e l'altro perseguirono la propria guerra, senza coordinamento né vere intese. Gli Alleati, invece, dovevano sormontare tutti gli ostacoli che incontrano le coalizioni, ai quali si aggiungevano le distanze planetarie che li separavano. Prima di riferire come essi impegnarono la grande offensiva che darà loro la vittoria, occorre dunque spiegare quali misure presero per garantire il loro successo.

1. *La bisettrice della guerra*

Nel 1941 e 1942 gli Alleati hanno dovuto restare sulla difensiva, aspettando che l'ondata nemica si calmasse. Alla fine del 1942, in effetti, su tutti i teatri di operazioni si delinea un rovesciamento della marea; gli Alleati non hanno ancora raccolto tutte le loro forze ma i loro aggressori sono in affanno: ci si trova davvero, in presenza di una «bisettrice della guerra».

Tutto è cominciato nel Pacifico. Lo scopo dei giapponesi non era certo di sbarcare negli Stati Uniti, né la loro ambizione di battere totalmente gli americani, ma solo di obbligarli ad accettare il loro impero in Asia. Nell'aprile 1942, una delle portaerei americane scampate al disastro di Pearl Harbor bombardò Tokyo, dove l'emozione per l'avvenimento fu enorme. I giapponesi decisero allora di estendere il «perimetro difensivo» delle loro conquiste sino alle isole Aleutine e alle Hawai. A questo scopo si affrettarono ad inviare una grande flotta per impadronirsi dell'isola di Midway; ma gli americani, che avevano decifrato i messaggi dei loro nemici, li attendevano a piè fermo; il 4 e 5 giugno 1942, essi gli inflissero una grave sconfitta, grazie alla loro superiorità aerea; i giapponesi perdettero nella battaglia quattro portaerei, ciò che fu sufficiente a compromettere la superiorità aeronavale acquisita a Pearl Harbor. Un po' più tardi, la loro avanzata fu bloccata a Sud, a Guadalcanal, dove gli americani operarono, nell'agosto 1942, la loro prima operazione anfibia di sbarco. Nello stesso tempo la necessità dei giapponesi di effettuare tutti i loro trasporti per mare, la lunghezza delle loro linee di comunicazione, l'impossibilità di proteggere tutti i convogli offrivano molte buone occasioni ai sottomarini americani; al 31 dicembre 1942, questi avevano colato a picco un milione di tonnellate di navi nemiche. L'ora della controffensiva americana non era ancora suonata nel Pacifico; ma i giapponesi non progredivano più.

In Africa le cose andavano all'incirca allo stesso modo per gli italiani e i tedeschi. Mentre era in corso la sua offensiva in Unione Sovietica, Hitler non aveva potuto decidersi a intraprendere vaste operazioni nel Mediterraneo, in direzione di Gibilterra, di Malta o di Biserta.

Egli si era accontentato di inviare alcune squadriglie della Luftwaffe in Sicilia, e un corpo d'armata, sotto il comando di Rommel, in Libia. Per entrambi i campi, il successo era legato all'arrivo regolare del materiale, vale a dire alle vicissitudini della guerra dei convogli, diretti dall'Est all'Ovest per gli Alleati, dal Nord al Sud per l'Asse, giocando Malta un ruolo capitale all'incrocio delle due vie. Nella primavera del 1942, avendo ricevuto i rinforzi desiderati, Rommel era scattato all'offensiva; molto rapidamente era arrivato a 60 chilometri da Alessandria, mentre la flotta inglese evacuava per prudenza; l'Egitto è minacciato, i nazionalisti si agitano e Mussolini si prepara a fare il suo ingresso trionfale al Cairo, su un cavallo bianco. Ma l'allungamento delle linee di vettovagliamento e l'usura dovuta ai combattimenti precedenti privano Rommel della benzina e dei carri necessari per superare vittoriosamente l'ultima tappa. Gli inglesi ricevono materiale americano, cambiano il comando della loro armata e preparano minuziosamente una controffensiva, che Montgomery lancia alla fine di ottobre 1942 a El Alamein, con un successo tale che, nel gennaio 1943, si impadronisce di Tripoli.

Inoltre, le forze dell'Asse sono prese alle spalle dalla prima grande offensiva alleata: uno sbarco americano in Marocco e in Algeria l'8 novembre 1942. Grazie all'aiuto dei resistenti francesi questo sbarco era riuscito malgrado la grande inesperienza dei generali alleati e benché le truppe francesi avessero ricevuto da Vichy l'ordine di combattere gli Alleati. Il successo, tuttavia, fu soltanto parziale. Militarmente, le basi dell'attacco si rivelarono troppo strette, e gli italo-tedeschi poterono assicurarsi una testa di ponte a Tunisi e a Biserta, in modo da dare una mano all'Afrika Korps. Politicamente, un imbroglio durevole era stato creato dalla presenza inopinata ad Algeri dell'ammiraglio Darlan, delfino di Pétain, che gli americani intronizzarono come comandante in capo civile e militare, malgrado la sua azione in favore dei collaborazionisti e la grande indignazione dei francesi liberi e dei resistenti clandestini. L'esecuzione di Darlan, nel dicembre 1942, non mise fine all'ambiguità della situazione; quando in Francia il regime di Vichy era praticamente scomparso dopo l'invasione della zona Sud e l'autoaffondamento della flotta a Tolone, riprese vita ad Algeri, nel campo alleato. Tuttavia i vantaggi dello sbarco erano incontestabili: ormai Malta era salva, l'Afrika Korps condannato a scadenza più o meno lontana, l'Italia si offriva, nella sua fragile lunghezza, ai colpi degli Alleati.

Tuttavia è chiaro che questo successo non avrebbe potuto essere riportato dai soli inglesi, e che essi erano sempre più tributari dell'aiuto americano, in uomini e in armi. Il loro inoltro verso le Isole britanniche attraverso l'Atlantico era notevolmente compromesso dagli attacchi dei sottomarini tedeschi contro i convogli.

Questi, in effetti, tra il settembre 1939 e il dicembre 1941, hanno colato a picco circa otto milioni di tonnellate di navi mercantili alleate; le perdite sono ancora più pesanti nel giugno 1942: 800.000 tonnellate; un'imbarcazione alleata con il suo carico di uomini e cose è distrutta ogni quattro ore. Ma i cantieri navali inglesi lavorano a pieno ritmo, e i nuovi cantieri americani si moltiplicano sui Grandi Laghi; tuttavia essi non riescono a costruire ancora tanto tonnellaggio quanto i tedeschi inviano a fondo. Inoltre i tedeschi mettono in scalo di costruzione più sottomarini di quanti navi da guerra e aerei alleati non ne distruggano.

Se non si fosse messo rimedio a questa situazione catastrofica, era chiaro che mai la Gran Bretagna sarebbe divenuta il trampolino di una grande offensiva contro il Reich; al contrario la sua combattività sarebbe andata indebolendosi.

L'aumento del numero delle portaerei di scorta ridusse le perdite, e l'entrata in guerra del Brasile permise una migliore sorveglianza dell'Atlantico del Sud; ma soprattutto navi di scorta e aerei alleati vennero a poco a poco dotati di un nuovo apparecchio di radar, detto centrimetrico, che permetteva loro di rivelare i sottomarini da più lontano e con maggiore precisione; riemergere per i sottomarini diviene pericoloso; nell'ottobre 1942, tredici sottomarini tedeschi scompaiono, undici soltanto li rimpiazzano; nel marzo 1943, il tonnellaggio alleato affondato comincia a diminuire; nella guerra dei convogli dell'Atlantico, questo polmone della coalizione alleata, un rovesciamento della situazione sta per prodursi, benché sia difficile predire se potrà essere definitivo e decisivo.

È tuttavia nell'Unione Sovietica, dove ha impegnato maggiori forze, che Hitler deve subire il suo scacco più grave. Nel luglio 1942, il Führer aveva fissato come obiettivo principale alla Wehrmacht la presa di Stalingrado. Si trattava di tagliare la grande linea di arroccamento Nord-Sud del Volga; ma sembra che il nome stesso della città abbia suonato come una sfida alle orecchie di Hitler.

Comunque sia, all'inizio dell'agosto la VI armata tedesca, comandata da Von Paulus, arrivò dinanzi alle difese esterne di Stalingrado frettolosamente fortificata per arrivare, il 23 agosto, a costeggiare il Volga. Il 13 settembre, cominciò l'attacco alla città e una battaglia furiosa si impegnò nelle strade, nelle case e soprattutto nelle fabbriche trasformate in bastioni; ci si batté sui piani, nelle stanze, nelle cabine degli ascensori, da un edificio all'altro, a colpi di bombe, alla baionetta. L'obiettivo tedesco sembrava raggiunto; la presa totale della città non era più che una questione di prestigio; Hitler ordinò di portarla a termine nella convinzione che i russi sarebbero stati nell'impossibilità di passare all'offensiva prima dell'inverno. Ma lo stato maggiore sovietico aveva riunito forze superiori a quelle dell'assalitore, in blindati soprattutto, e aveva messo a punto un piano di accerchiamento delle truppe tedesche avventuratesi nella città. L'attacco sovietico, cominciato il 19 novembre su un fronte ridotto di 200 chilometri, disperse le divisioni romene e accerchiò 22 divisioni tedesche. Invece di ordinare il loro ripiegamento, Hitler decise di rompere l'accerchiamento; è ciò che tentò Von Manstein il 19 dicembre; le sue unità di avanguardia arrivarono a 41 chilometri dall'armata di Paulus troppo sfinita per tender loro la mano, mentre i russi strigliavano l'esercito italiano, che batté in ritirata su 200 chilometri. Non restava che fornire vettovagliamenti via aerea alle truppe tedesche accerchiate, con la speranza che potessero tenere sino alla primavera. Ma la morsa sovietica si chiude poco a poco intorno ad esse mentre il freddo e le malattie le decimano.

Il 2 febbraio 1943, Paulus capitola; il suo esercito ha perduto 100.000 uomini; altri 90.000 sono fatti prigionieri, di cui 24 generali.

Minacciate di essere tagliate fuori, le armate tedesche, che avevano raggiunto i contrafforti del Caucaso, ripiegano precipitosamente sino a Rostov, di cui i russi si impadroniscono nel febbraio 1943. Il mito dell'invincibilità dell'esercito tedesco, e della infallibilità del Führer, è distrutto. Il prestigio dell'Unione Sovietica invece aumenta nel mondo intero e, in primo luogo, nell'Europa occupata. Su tutti i fronti, alla fine del 1942, la vittoria ha sospeso il suo volo, senza avere ancora scelto definitivamente il suo campo.

2. *La cooperazione anglo-americana*

Per catturare le sue buone grazie, gli inglesi e gli americani hanno realizzato, nella direzione del loro sforzo comune, una cooperazione senza precedenti. In Inghilterra, la direzione della guerra gravava in principio su un gabinetto ristretto; in effetti i suoi colleghi erano d'accordo per lasciarne la responsabilità a Churchill, il cui dinamismo e il cui spirito inventivo facevano meraviglie. I capi di stato maggiore mettevano a punto piani, secondo le direttive del primo ministro che, in seguito, decideva. La situazione era costituzionalmente all'incirca la stessa negli Stati Uniti, salvo che il presidente Roosevelt doveva preoccuparsi di più delle reazioni dell'opinione pubblica. Tra Roosevelt e Churchill, molto diversi per carattere, ma ravvicinati dalle identiche vedute sulla eminenza delle loro funzioni e il peso dei loro doveri, era sorta una grande amicizia, che divergenze di punti di vista non indebolirono mai.

Essi presero l'abitudine di comunicare regolarmente via cavi che collegavano Washington a Londra, in modo da prendere in comune le loro decisioni. Per prepararle o per metterle a punto, installarono a Washington «uno stato maggiore misto» i cui lavori e la reciproca comprensione furono facilitati dalla lingua comune e che funzionò con efficacia sino alla fine del conflitto. Inglesi e americani non avevano sempre gli stessi punti di vista sulla strategia da adottare o sull'avvenire del mondo. Ma se gli scontri furono numerosi, un accordo fu sempre trovato grazie a reciproche concessioni.

I due uomini di Stato si erano intesi senza fatica nel definire i loro scopi di guerra in un documento solenne elaborato prima dell'entrata in guerra degli Stati Uniti, e battezzato la Carta Atlantica; i governi di tutti gli Stati in guerra con la Germania ne approvarono i termini. La Carta metteva l'accento sui diritti dei popoli, e sulla necessità della loro cooperazione durante e dopo il conflitto. Riuniti ad Anfa nel gennaio 1943, Churchill e Roosevelt presero un'altra decisione di grande portata, relativa questa volta ai loro avversari; mentre dichiaravano di non fare la guerra ai popoli italiano, tedesco e giapponese, ma ai loro dirigenti, loro cattivi pastori, proclamarono, su suggerimento di Roosevelt, che non avrebbero mai trattato con i loro nemici fino a che questi non avessero accettato e riconosciuto la loro disfatta con una «resa incondizionata», formula che rischiava di impedire qualsiasi compromesso ma che manifestava un'energia e una risoluzione minacciosa per gli aggressori, e confortante per le nazioni oppresse.

3. *La guerra dell'Unione Sovietica*

In Unione Sovietica non cambia nulla nelle strutture politiche; il partito comunista conserva sempre tutti i poteri, in tutti i posti di comando; è stato però creato un comitato speciale, chiamato Comitato statale per la difesa, sorta di Comitato di salute pubblica, che, senza possedere servizi propri, prende direttamente decisioni su tutte le questioni che gli sembrano meritevoli di attenzione; invia sul posto delegati muniti di poteri molto ampi per farle applicare; sul piano puramente militare, è responsabile delle operazioni il Gran quartier generale, la Stavka. In effetti, Stalin è onnipresente: dirige contemporaneamente il partito, il governo e le forze armate — ha preso il titolo di maresciallo; salvo, sembra, nei primi giorni dell'invasione, Stalin dà prova di un grande sangue freddo e di un duro realismo — contano solo gli interessi del regime e del paese.

Nei tre paesi alleati, con metodi propri di ciascuno, la guerra si personifica così in un solo uomo, paradossalmente un civile. Era dunque necessario che questi tre uomini si incontrassero, tanto più che una diffidenza reciproca li ispirava. In effetti, l'Unione Sovietica sopportava pressoché da sola il peso della Wehrmacht e Stalin se ne lamentava con amarezza; egli reclamava con insistenza l'apertura di un secondo fronte, di cui minimizzava le difficoltà. È per dargli parzialmente soddisfazione che gli americani si erano rassegnati a sbarcare nell'Africa del Nord. Era inoltre difficile far pervenire in Unione Sovietica materiale da guerra in applicazione alla legge «affitti e prestiti». La rotta per l'Oceano glaciale verso Murmansk era la più breve ma anche la più pericolosa, e le perdite furono a volte così elevate che gli inglesi si allarmarono e fermarono i convogli; gli Alleati occuparono allora, di concerto, l'Iran, ma il cammino era lungo, le strade ferrate e i camion insufficienti, i termini di inoltro eccessivi. Churchill aveva potuto fornire a Stalin, che non se ne era accontentato, solo promesse, e la firma di un'alleanza ventennale! Inoltre quando i tedeschi erano alle porte di Mosca, Stalin non aveva nascosto ad Eden che non intendeva perdere i guadagni territoriali procurati dal patto russo-tedesco; pretese di cui la Polonia avrebbe fatto una volta di più le spese. Certo, per il momento si trattava solo di parole. Gli angloamericani temevano molto di più una disfatta irrimediabile dell'Armata rossa che non un nuovo accordo tra la Germania e l'Unione Sovietica. Pertanto Churchill e Roosevelt non volevano scontentare il loro partner in un'alleanza che un diplomatico americano ha definito «strana».

4. *La Conferenza di Teheran*

In breve, i «tre grandi» si incontrarono una prima volta a Teheran, nell'ottobre 1943, dopo che l'Italia aveva capitolato[1]. Sul piano militare, non furono prodighi in confidenze, Stalin soprattutto. Senza coordinare veramente le loro operazioni, senza nemmeno informarsi seriamente, essi si trovarono soltanto d'accordo per lanciare insieme offensive contro la Germania in date prestabilite; gli angloamericani promisero di attaccare, da parte loro, attraverso la Manica; prima di venire a Teheran non lo avevano convenuto ma l'insistenza di Stalin li costrinse. Tuttavia le conversazioni più importanti furono relative all'assetto postbellico: e dimostrarono che solo Stalin sapeva esattamente ciò che voleva, nei riguardi della Germania o della Polonia.

Per quel che riguardava la Germania, i tre Alleati erano dell'avviso che bisognava punirla per aver scatenato la guerra e per averla condotta in modo criminale: la Germania avrebbe dovuto essere occupata, amputata territorialmente, diminuita economicamente soprattutto nel settore dell'industria pesante, e smembrata; restavano da fissare solo il numero e i limiti dei nuovi Stati. Ma mentre si approvavano questi piani generali, Stalin aveva precisato che bisognava distruggere il nazismo e non la Germania; si era opposto inoltre a una resurrezione dell'Austria-Ungheria sotto la forma di una «confederazione danubiana» preconizzata da Churchill. Su queste questioni Stalin aveva già le sue idee.

Il problema della Polonia era più spinoso. Gli inglesi erano entrati in guerra per difendere la sua integrità territoriale, e Roosevelt doveva tener conto dell'importante minoranza polacca negli Stati Uniti. Soprattutto, il governo polacco di Londra, perfettamente legittimo, dopo aver cercato di intendersi con Stalin — un'armata polacca era stata arruolata nei campi di prigionieri catturati dall'Armata rossa — aveva rotto le sue relazioni con Mosca dopo la scoperta delle fosse di Katyn. Sopra la testa del loro alleato Roosevelt e Churchill accettarono in linea di principio che la Polonia ritrovasse all'Est la frontiera detta della «linea Curzon» fissata nel 1918, vale a dire che l'Unione Sovietica conservasse le regioni annesse nel settembre 1939 mentre un largo risarcimento sarebbe stato offerto alla Polonia a danno della Germania, sotto la forma della cessione della Prussia orientale, della Pomerania e della Slesia; Stalin ne approfittò per farsi attribuire Koenigsberg, che non era mai stata russa.

---

[1] Cfr. il capitolo seguente.

5. Lo sforzo di guerra britannico

Se i «grandi Alleati» potevano parlare così tranquillamente del dopoguerra è perché, nell'autunno del 1943, avevano acquisito, grazie alla mobilitazione molto avanzata delle loro risorse, una forza rassicurante.

Sotto questo aspetto, lo sforzo britannico era esemplare; una legge aveva ordinato la «coscrizione industriale»; il popolo inglese unanime ne aveva accettato civicamente i pesanti oneri — lavori faticosissimi nelle fabbriche, razionamento, accresciuta fiscalità, diminuzione del livello di vita ma promesse di ampie riforme sociali (il «piano Beveridge» di assicurazioni nazionali). Tuttavia i mezzi britannici erano limitati; la mobilitazione della manodopera limitava il tetto massimo degli effettivi delle truppe, senza tuttavia impedire alla produzione di armamenti bellici di fare altrettanto; nel 1943, 7400 carri soltanto e 26.000 aerei uscirono dalle fabbriche; queste cifre diminuirono un po' nel 1944. Pur essendo importante, il concorso dei Dominions non aveva giustificato tutte le speranze poste in loro; l'Africa del Sud limitava la sua azione all'Africa e l'Australia doveva riservare le sue forze per la sua difesa; quanto all'India, l'*impasse* delle conversazioni con i leader nazionalisti frenava il suo contributo. Quello del Canada era invece di rilievo, malgrado le riserve dei canadesi francesi; vi fu reclutato un milione di uomini.

6. Gli Stati Uniti, arsenale delle democrazie

Soprattutto l'economia di guerra canadese si integra in modo del tutto naturale nell'economia americana, che rivela allora un potenziale illimitato, per divenire, secondo il piano e l'espressione di Roosevelt, «l'arsenale delle democrazie». Pertanto, nel 1939, gli Stati Uniti soffrono ancora di alcune conseguenze della grande crisi «degli anni Trenta» — contavano quasi sette milioni di disoccupati; dal punto di vista militare erano molto sprovvisti: 190.000 uomini sotto le armi, con 330 carri leggeri, quasi senza aviazione; solo la flotta era potente; l'industria di guerra rappresentava il 2% della produzione totale; l'opinione pubblica era, nel suo complesso, molto ostile a un'entrata in guerra, e anche al riarmo; alla testa del Comitato antinterventista, America First, figuravano alcuni politici di primo piano, grandi industriali come Ford. Dopo Pearl Harbor occorse, nello stesso tempo, improvvisare una grande industria di guerra, moderna e diversificata, armare, equipaggiare e attrezzare milioni di uomini, inviarli a migliaia di chilometri lontano con il materiale necessario (una tonnellata per

ECONOMIA E PRODUZIONE DI GUERRA AMERICANE

	1939	1941	1942	1943	1944	1945
Prodotto nazionale lordo (miliardi di dollari)	91,4	126,4	161,6	194,3	213,7	215,2
Produzione industriale (1935-1939 = 100)	109	162	199	239	235	203
Prezzo di dettaglio (1935-1939 = 100)	99,4	105,2	116,5	123,6	125,5	128,4
Prezzo all'ingrosso (1926 = 100)	77,1	87,3	98,8	103,1	104	105,8
Lavoratori (in milioni)	45,7	50,3	53,7	54,5	54	52,8
Orario settimanale di lavoro	37,7	40,6	43,9	44,9	45,2	43,4
Borsa (corso di 416 azioni: 1935-1939 = 100)	94,2	80	69,4	91,9	99,8	121,5
Entrate di bilancio (id.)	6,7	15,7	23,2	39,6	41,6	43
Spese di bilancio (id.)	9	20,5	56,1	86	95,6	84,8
Debito pubblico (id.)	42	58	108,2	165,9	230,6	278
Acquisti di beni e servizi da parte dello Stato (id.)	13,1	24,7	59,7	88,6	96,5	82,8
di cui:						
Difesa nazionale	5,2	13,8	49,6	80,4	88,6	76
Reddito delle persone (id.)	72,6	95,3	122,7	150,3	165,9	171,9
Effettivi delle forze armate al primo gennaio[1] (milioni di uomini)	0,4	1,5	5	6,8	7,2	7,4
Costruzione: di navi (in milioni di tonnellate)	1,5 (1940)	2,5	7	16	16,3	
di carri	346 (1940)	4.052	24.997	29.497 - 85.898	17.565	20.000 (circa)
di aerei	2.141 (1940)	19.433	47.836	96.318	96.318	46.000 (3 trimestri)

[1] Eserciti e aviazione soltanto, contando solo gli uomini effettivamente armati; con la marina e i servizi diversi furono mobilitati 12 milioni di uomini.

uomo), fornire armi agli Alleati in difficoltà, vale a dire a tutti gli avversari dell'Asse, costruire navi per trasportarle, ecc. Alcuni dei consiglieri di Roosevelt spingevano il presidente a instaurare il dirigismo, il solo capace ai loro occhi di impedire sprechi e di raggiungere questi obiettivi ambiziosi. Ma il presidente, il cui ruolo fu di capitale importanza, non volle far violenza al temperamento e alle abitudini dei suoi compatrioti: egli ebbe fiducia nel loro spirito di iniziativa, proponendo loro di realizzare piani di produzione apparentemente astronomici, battezzati Victory program — per esempio 60.000 aerei e 40.000 carri d'assalto nel 1942 e, rispettivamente, 125.000 e 75.000 nel 1943, più di quanti ne possedesse il resto del mondo, e più di quanti questo non potesse produrne.

Ogni amministrazione — i «servizi» — fu improvvisata per acquistare i prodotti, canalizzare e orientare le forze produttrici, organizzare la ripartizione delle materie prime e della manodopera, esaminare l'ammontare dei profitti, regolamentare prezzi e salari; vi era un dirigismo non esplicito ma molto flessibile; così, per esempio, la costruzione delle automobili e dei frigoriferi fu frenata, i porti posti sotto un'amministrazione militare, le frodi ricercate e colpite, un tetto fissato per i prezzi, alcuni mercati regolarmente controllati ecc. Tutta questa armatura di regolamenti era provvisoria, modificata continuamente, e sparirà una volta raggiunta la pace. Il gonfiamento delle spese statali — passarono da 9 miliardi di dollari nel 1939 a 95 miliardi nel 1944 — faceva balenare la minaccia dell'inflazione, che però fu scongiurata da una politica di prestiti a un tasso di interessi poco elevato. In definitiva, se furono istituiti alcuni razionamenti, la sfida fu vinta producendo contemporaneamente «cannoni e burro»; tuttavia, paragonati agli immensi benefici della maggior parte delle imprese, i salari non erano ugualmente aumentati, così che, malgrado l'impegno dei dirigenti sindacali, gli scioperi non poterono essere impediti. Ma il «boom» economico fu prodigioso; così, il numero delle navi mercantili costruite — le *liberty ships* — passò da 746 nel 1942 a 2242 nel 1943. E il 16% del complesso della produzione totale fu inviato agli Alleati in applicazione della legge «affitti e prestiti» — la Gran Bretagna ricevette, nel 1942, 4400 carri e 6800 aerei.

7. *La riconversione dell'Unione Sovietica*

Per tutte altre vie, l'economia sovietica aveva effettuato una sensazionale riprova. Pure l'invasione tedesca si era realizzata nelle regioni dove era concentrata la maggior parte dell'industria metallurgica; nei primi sei mesi di guerra, la produzione globale si abbassò del 48%; nel

PRODUZIONE DI GUERRA SOVIETICA

	1940	1941 1 sem.	1942	1943	1944	1945 (10 mesi)
Ghisa (milioni di tonnellate)	14,9	9,1	5	5,5	7,2	8,8
Parte dell'Est	28%					
Acciaio (milioni di tonnellate)	18,3	11,4	4,8	8,4	10,8	12,2
Parte dell'Est	37%					
Laminati (milioni di tonnellate)	13,1	8,2	5,4	5,6	7,8	8,4
Aerei militari (moderni)	qualche decina	II sem. '41 3.950	25.437	34.900	40.300	26.478
Carri (e automitragliatrici)	2.794	4.742	24.668	24.000	29.000	22.590
Pezzi di artiglieria			29.561	130.000	122.000	77.000
Manodopera (in milioni di uomini)	30	26,2	18,4	27,5		

1942 la diminuzione fu ancora più grave; così la fabbricazione della ghisa cade da 15 milioni di tonnellate a 5. Da prima della guerra tuttavia, una politica costante di espansione aveva moltiplicato le fabbriche negli Urali e al di là degli Urali; la sua popolazione forniva anche all'Unione Sovietica riserve di manodopera illimitate, a patto di formare operai specializzati; la sua immensità metteva una gran parte del suo territorio al riparo dei colpi del nemico; il suo regime politico ed economico permetteva infine di eseguire rapidamente le misure più draconiane. Il governo, già prima dell'invasione, aveva studiato l'evacuazione verso l'Est delle fabbriche e delle popolazioni minacciate; alcune imprese vi trovarono anche dei veri «doppioni» pronti ad accoglierle. Lo sforzo tuttavia non fu meno gigantesco; dal luglio al novembre 1941, 1520 unità produttive, di cui 1300 di grandi dimensioni, furono smontate, trasportate e ricostruite, dieci milioni di lavoratori trasferiti; dalla fine del 1941, le fabbriche di Leningrado, trasferite negli Urali, cominciarono a inviare al fronte carri armati pesanti. Tutto fu sacrificato allo sviluppo dell'industria bellica; alla fine del 1942, l'Unione Sovietica produceva già più cannoni della Germania.

Ma un tale sforzo era costato molto lavoro e molti dolori. La durata quotidiana del lavoro fu aumentata, e le vacanze soppresse; l'esodo massiccio e frettoloso si tradusse in condizioni materiali di esistenza molto pesanti — abitazioni, ospedali, riscaldamento, scuole facevano difetto; il vettovagliamento soprattutto era insufficiente. Uno dei problemi più difficili fu la formazione degli operai specializzati necessari; una mobilitazione della manodopera vi sopperì con la determinazione di settori prioritari e l'assegnazione obbligatoria dei lavoratori; così un gran numero di colcosiani furono inviati nelle miniere; la formazione di operai qualificati cominciò dalla scuola. Gli armamenti non aumentarono solo in quantità ma in qualità; così nuovi carri e nuovi aerei di assalto — T34 e Stormovik — sostituirono i modelli più vecchi.

Tutte le popolazioni dell'Unione Sovietica parteciparono a questo immenso sforzo. Un'intensa propaganda mise l'accento più sull'invasione del territorio nazionale che sulla difesa del regime; si ricordò l'esempio dei grandi avi, quelli del 1812 soprattutto. I tre milioni di membri del partito inquadrarono questa massa umana, galvanizzarono le energie, guidarono le popolazioni occupate. Ognuno prese la sua parte di fardello nazionale, come soldato, come vittima dell'aggressione o come produttore nelle retrovie; a Leningrado fu la popolazione a costruire le fortificazioni; a Stalingrado gli operai condussero in battaglia i carri armati che essi stessi avevano fabbricato.

8. *Le strategie alleate in Europa e in Asia*

A partire dal momento in cui arrivano a valorizzare tutte le loro risorse, gli Alleati possiedono la superiorità in armamenti, da dove può venire la vittoria; il problema è impiegarla bene. Poiché i teatri di operazioni sono distinti, la mancanza di cooperazione non è molto grave; ognuno mette dunque a punto la sua «strategia», così come l'intende; solo gli inglesi e gli americani concertano la loro, almeno in Europa occidentale e in Africa.

Per l'Unione Sovietica, la questione principale è liberare il territorio nazionale, in tutta la sua estensione; è solo quando l'Armata rossa arriverà alla frontiera che direzioni diverse le si offriranno, e che la politica comanderà la scelta. Nell'attesa, la strategia sovietica è relativamente semplice, è quella del rullo compressore; approfittando della sua superiorità in effettivi e, a poco a poco, in armamenti, la Stavka sceglie i suoi assi d'attacco in funzione delle forze dell'avversario e il colpo di ariete è portato in primo luogo sui punti deboli tenuti dalle truppe degli Stati satelliti dell'Asse. Su un settore relativamente ristretto sono ammassati sino a 3000 uomini, 9 carri, 60 cannoni per chilometro. Quando il dispositivo avversario è travolto, un altro fronte si mette in movimento. Questo metodo esige una grande mobilità, un notevole numero di uomini, e una buona padronanza della logistica; è perfettamente applicata da una nuova valorizzazione di giovani marescialli sovietici.

Dal canto loro, gli americani hanno preso una decisione capitale, con grande soddisfazione degli inglesi: hanno accordato la priorità alla Germania; la sorte del Giappone sarà regolata dopo. Nel Pacifico, gli effettivi impegnati saranno molto inferiori di quelli inviati in Europa, ma occorre prepararli a duri combattimenti nella giungla; è sul mare tuttavia che avranno luogo le battaglie decisive. In questo teatro di operazioni che è loro riservato, gli americani si dividono in due parti: il Sud, costellato da numerose isole, è riservato all'esercito; il generale MacArthur, che lo comanda, passerà di isola in isola «a cavallina», sino alle Filippine dove ha promesso di tornare; il centro, dove l'Oceano è re, è il settore della marina; squadre navali dotate di numerose portaerei avranno la missione di annientare la flotta giapponese per preparare l'assalto finale dell'arcipelago nipponico — nessuno sa ancora dove e quando avrà luogo. Un altro fronte, secondario, è la Cina, dove solo l'aviazione americana può operare; infine vi è la Birmania, la sola dove è necessaria una cooperazione con gli inglesi.

Cooperazione che è in compenso fondamentale in Europa e in Africa; una ripartizione dei compiti è decisa tra i due Alleati; gli inglesi comanderanno nel Mediterraneo, gli americani in Europa occidentale, l'Atlantico resterà curiosamente indiviso. Sul modo di lanciare la loro offensiva, i due Alleati discuteranno a lungo; gli inglesi sono favorevoli ad attacchi limitati e rinnovati della Germania attraverso la sua periferia — Norvegia, Balcani, Italia; gli americani al contrario, coscienti della loro potenza, propendono per un attacco frontale, in un punto decisivo, attraverso la Manica, a partire dal trampolino dell'Inghilterra. In attesa di averne i mezzi, si rassegnano a seguire i loro partner in Africa del Nord e in Italia.

IV. La vittoria alleata

1. *La campagna di Tunisia*

L'eccessiva prudenza americana, che aveva scartato uno sbarco in Tunisia, la prontezza tedesca a cogliere l'occasione di crearvi una testa di ponte approfittando dello smarrimento dei francesi a Tunisi e soprattutto a Biserta, avevano prolungato la guerra in Africa con una «campagna di Tunisia» di cui gli Alleati avrebbero potuto fare a meno; l'iniziativa tedesca aveva per scopo solo di salvare l'Afrika Korps di Rommel, che non smetterà più di ritirarsi verso Ovest, inseguito dalla VIII Armata britannica di Montgomery, alla quale si erano aggiunti, in modo alquanto simbolico, i «Francesi liberi» venuti dal Ciad. In definitiva, dopo aver rinunciato a prendere Tunisi, gli Alleati — americani al Nord, francesi al centro, inglesi al Sud — fanno convergere i loro attacchi sulle forze italo-tedesche, di cui una parte soltanto riesce a reimbarcarsi. Dopo sei mesi di duri combattimenti, la Tunisia è liberata — 250.000 italiani sono catturati a Capo Bon. In questo modo l'esercito francese dell'armistizio riprendeva il suo posto nella lotta comune, conformemente alle sue aspirazioni profonde, ma in vero stato di indigenza materiale, e non senza un grande turbamento degli spiriti. Esso è progressivamente equipaggiato di materiale americano, adatto alla guerra moderna, in modo da prendere la sua rivincita rispetto al 1940, in Italia in primo luogo, in Provenza in seguito.

Ma la Francia non è ancora tuttavia un'alleata a pieno titolo, e le divisioni dei francesi non contribuiscono a farla diventare tale. Dopo il breve regno dell'ammiraglio Darlan, pieno di ambiguità, un conflitto oppone a lungo il generale Giraud, sostenuto dagli americani, al generale De Gaulle, che aveva dietro di sé la Resistenza clandestina. I due uomini si erano messi d'accordo per riunire tutte le loro forze in un solo esercito e costituire una diarchia, il Comitato francese di liberazione nazionale, da dove il generale Giraud è a poco a poco eliminato. Allora, ad Algeri, divenuta la capitale della Francia libera, viene intrapreso un immenso sforzo per mobilitare tutte le risorse dell'impero e rivedere il suo statuto, sostenere la Resistenza interna, rimettere in vigore le leggi repubblicane annullando quelle di Vichy, preparare la presa del potere in Francia, e mettere a punto ampie riforme che assicureranno la rinascita della Francia, il tutto più o meno in disaccordo con gli americani, per i quali non esiste più un'autorità centrale francese di diritto, ma solo di fatto.

2. *La campagna d'Italia*

Ad Anfa, nel gennaio 1943, Roosevelt e Churchill avevano deciso di mettere l'Italia fuori combattimento. Uno sbarco in Sicilia, in modo da liberare completamente l'attraversamento del Mediterraneo da Est a Ovest, ebbe luogo nel luglio 1943; in meno di un mese l'isola è conquistata, ma le unità tedesche sfuggono all'accerchiamento. Tuttavia, è chiaro che l'Italia è allo stremo delle forze; l'impero è perduto, la marina immobilizzata nelle sue basi e alla mercé dei bombardamenti; l'invasione della penisola è solo una questione di tempo; la produzione industriale è diminuita del 35% mentre la circolazione monetaria si è triplicata; l'impopolarità del fascismo va estendendosi, nella stessa misura della decadenza fisica e intellettuale del Duce. Il colpo di grazia non gli viene portato tuttavia dai suoi nemici ma dai suoi amici.

Il 24 luglio, il Gran Consiglio del fascismo decide di «tornare alla Costituzione», vale a dire di affidare al re «la decisione suprema» togliendola al Duce. Vittorio Emanuele, appoggiato da alcuni capi dell'esercito, convinti che bisogna cessare di combattere e preparare un rovesciamento delle alleanze, destituisce Mussolini e, per maggiore precauzione, lo fa arrestare e imprigionare.

Pur protestando presso i tedeschi la sua fedeltà all'Asse, il maresciallo Badoglio, nuovo capo del governo, intraprende trattative segrete con gli Alleati, che finiscono con la capitolazione senza condizioni dell'Italia, il 3 settembre 1943, resa pubblica l'8. Le truppe alleate, comandate da Eisenhower, sono sbarcate solo a sud di Napoli; i tedeschi, che avevano previsto la defezione dei loro alleati, occupano immediatamente tutto il Nord e il centro del paese, Roma compresa; ovunque essi disarmano senza troppi ostacoli le truppe italiane, in Italia e nei territori che esse occupano; sola, la flotta riesce a sfuggire e a raggiungere il campo alleato.

Il re e Badoglio, rifugiatisi a Brindisi, moltiplicano i gesti di buona volontà verso gli Alleati; ma sono senza potere reale, e gli Alleati, che li considerano come nemici, sottopongono i territori occupati a un'amministrazione militare.

Due forze nuove contribuiscono a modificare la situazione. Nel Nord Mussolini, che paracadutisti delle SS hanno liberato, forma con i

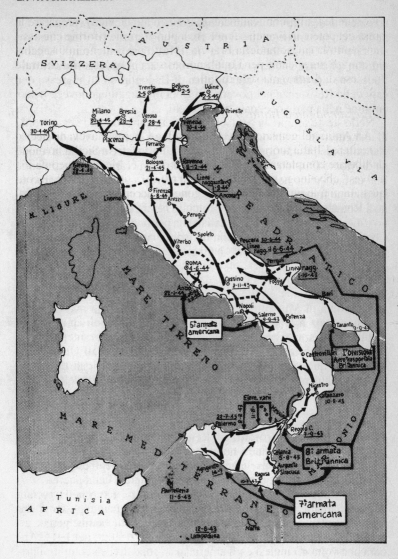

Visione d'insieme della campagna degli alleati in Italia.

suoi ultimi fedeli una repubblica fascista a Salò e fa giustiziare suo genero, Ciano, colpevole di averlo abbandonato il 24 luglio.

Contemporaneamente in tutta l'Italia occupata, l'antifascismo rialza la testa; gli esiliati tornati a casa assumono la direzione di una opposizione clandestina che conduce una duplice lotta, contro i tedeschi e i neofascisti ma anche contro il re e Badoglio ai quali gli Alleati, per assicurare l'ordine, riconoscono la qualifica di cobelligeranti. L'Italia entra in un'era di guerra civile. Essa è bloccata nella zona liberata dall'adesione dei comunisti alla politica di Badoglio e dall'ingresso dei capi della Resistenza nel governo di Bonomi; raggiunge invece il suo culmine nella parte occupata dai tedeschi.

Nello stesso tempo, la penisola diviene il teatro, da Sud verso Nord, di una guerra di posizione, favorendo i rilievi montagnosi la difensiva e annullando la superiorità alleata in mezzi blindati e in aerei: la regione di Monte Cassino in particolare è centro di accaniti combattimenti. Sbarcati ad Anzio nel gennaio 1944, gli Alleati — tra i quali il corpo di spedizione francese comandato da Juin e un corpo brasiliano — entrano a Roma solo il 4 giugno, ed è soltanto nel dicembre che raggiungono Ravenna. La capitolazione italiana ha permesso la liberazione della Corsica nel settembre 1943, con un'azione abbinata di resistenti e di truppe francesi sbarcate — il «battaglione di choc».

3. *Il bombardamento della Germania*

La caduta di Mussolini e la capitolazione dell'Italia avevano una grande portata morale: militarmente, però, non indebolivano la Germania, che sbarazzavano di un alleato debole e ingombrante; certo, le unità della Wehrmacht erano immobilizzate lontano dall'Unione Sovietica, ma questa continuava a sopportare il peso principale del nemico, e a reclamare l'apertura di un vero secondo fronte — quello dell'Italia non essendo, secondo Stalin, che un surrogato.

I campi di aviazione dell'Italia del Sud permettevano tuttavia di raggiungere tutto il territorio del Reich con bombardamenti aerei, dai quali gli Alleati si attendevano grandi cose: diminuzione della produzione di guerra e, di conseguenza, dei mezzi bellici degli eserciti, indebolimento del morale, insomma una fine accelerata della guerra.

Effettivamente, progressi costanti furono fatti, tanto nella portata dei bombardamenti e nella loro efficacia nel raggiungere gli scopi che si erano prefissi, quanto nel peso e nel numero delle bombe gettate — 48.000 tonnellate nel 1942, 207.000 nel 1943, 915.000 nel 1944. Ancora una volta gli inglesi e gli americani si sono divisi i compiti: i primi se la prendono con gli agglomerati urbani, in una «offensiva del terrore»; tutte le grandi città del Reich sono martellate; i secondi attaccano obiettivi più precisi, importanti dal punto di vista militare o economico. I metodi sono manifestamente efficaci; il Reich diviene un campo di rovine. In effetti, con grande sorpresa degli Alleati, la produzione tedesca di armi non cessa di aumentare, almeno fino alla fine del

1944; il grande capo dell'armamento tedesco, Speer, ha saputo disperdere e camuffare a tempo fabbriche e officine. I bombardamenti immobilizzano nello stesso Reich migliaia di cannoni di DCA e centinaia e migliaia di serventi che mancano al fronte russo; paralizzano i trasporti e disturbano l'inoltro delle materie prime e delle armi; seminano il terrore e lo scoraggiamento nella popolazione civile, e anche tra i combattenti del fronte che sanno i loro parenti esposti ai bombardamenti. Ma i soli bombardamenti non porteranno la vittoria.

Le cause dell'indebolimento progressivo della forza tedesca sono complesse. Avendo preparato una guerra breve, l'industria degli armamenti è in ritardo su quella degli Alleati quando si tratta di modernizzare le armi e di produrne in gran numero di nuove. Alcune decisioni di Hitler non semplificano le cose, soprattutto quando ritarda la costruzione di caccia a reazione — che avrebbero potuto cambiare il corso della battaglia aerea — a profitto dei bombardieri, per restituire pan per focaccia agli inglesi in fatto di bombe; rivalità dei servizi — la direzione della Luftwaffe da parte di Goering — disturbano il coordinamento della produzione; il dogma nazista della «donna a casa» frena l'impiego della manodopera femminile, ecc. Soprattutto la Germania, malgrado lo sfruttamento dell'Europa, non può rivaleggiare con la potenza industriale dei suoi avversari, a partire dal momento in cui l'Unione Sovietica ha realizzato la sua mobilitazione industriale. È sotto il numero che la Germania soccomberà. Ma fino all'ultimo momento Hitler conserverà la speranza di vincere, e le truppe si batteranno con accanimento, con lo stesso fanatismo, soprattutto sul fronte dell'Est.

4. *Lo sbarco in Normandia e in Provenza*

A Teheran, gli Alleati si sono accordati per lanciare il grande attacco contro la Germania attraverso la Manica — è il «piano Overlord», la cui esecuzione è affidata al generale Eisenhower; a questo scopo, 75.000 imbarcazioni hanno trasportato in Gran Bretagna quattro milioni di uomini e decine di milioni di tonnellate di armi e di materiale, venuti ad aggiungersi agli inglesi partendo dal Canada e soprattutto dagli Stati Uniti. Come teatro di sbarco fu scelta la Normandia. Il 6 giugno 1944, malgrado una violenta tempesta, 4300 navi da trasporto, precedute da trecento dragamine, protette da cinquecento imbarcazioni da guerra scaricarono in cinque punti cinque divisioni, mentre altre tre venivano aerotrasportate. Il «vallo Atlantico» non resiste all'assalto. Ingannati sul luogo dell'attacco che si aspettavano nel Pas-de-Calais, i tedeschi non hanno più sottomarini sufficienti per comprometterne l'esecuzione, e perdono tempo per concentrare truppe sufficienti per impedirne il successo; in cielo, il dominio delle aviazioni alleate è totale.

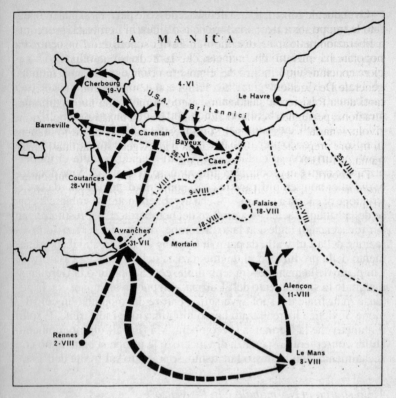

Lo sbarco in Normandia. La linea tratteggiata indica i successivi arretramenti delle forze tedesche.

Mentre gli inglesi tengono in scacco il grosso delle forze nemiche intorno a Caen, gli americani occupano il Cotentin e irrompono verso Sud all'altezza di Avranches, il primo agosto. Mentre rinforzi affluiscono grazie al porto «prefabbricato» di Arronmanches, le truppe alleate si inflettono verso Est in direzione della Senna, a nord della Loira. Il 15 agosto, il secondo sbarco previsto ha luogo in Provenza — Churchill non è riuscito a farlo annullare a favore di una avanzata in Italia, dove il fronte si stabilizza; questa volta, un'armata francese, comandata da Delattre de Tassigny, partecipa alle operazioni, si impadronisce di Marsiglia e di Tolone.

Per evitare di essere presi in trappola, i tedeschi si ritirano verso Nord; si impegna un inseguimento che si fermerà soltanto in Lorena.

Ovunque, le forze francesi dell'interno, nate dal *maquis*, hanno aiutato le truppe sbarcate, hanno logorato i tedeschi in ritirata, proceduto a liberazioni anticipate di città — a Parigi soprattutto l'insurrezione popolare ha iniziato una battaglia che la 2ª divisione blindata di Leclerc conclude vittoriosamente. Il governo provvisorio, presieduto dal generale De Gaulle, si installa a Parigi e si completa con i rappresentanti della Resistenza clandestina, mette in piedi una nuova amministrazione, persegue i «collaborazionisti», blocca una breve ebollizione rivoluzionaria, soprattutto nel Sud-Ovest, e realizza un certo numero di misure preparate nella clandestinità o ad Algeri, soprattutto l'amalgama di 140.000 FFI alla prima armata.

Di nuovo, inglesi e americani non sono d'accordo. Montgomery propone che gli sia affidato il grosso delle forze alleate per scagliarsi in modo decisivo contro il cuore della Germania, per la pianura del Nord; Eisenhower preferisce far avanzare tutte le sue pedine contemporaneamente, e scegliere l'asse dell'ultima penetrazione in funzione delle circostanze. La questione è risolta dallo scacco della vasta operazione aerotrasportata di Arnhem nel settembre 1944. Occorre limitarsi a rastrellare le sacche dell'Escaut per riattivare il porto di Anversa, costeggiare la Mosa e la linea Sigfrido, liberare la Lorena; mentre Leclerc entra a Strasburgo e Delattre prende Mulhouse e raggiunge il Reno, i tedeschi mantengono nell'Alsazia mediana «la sacca di Colmar».

5. *Le vittorie dell'Armata rossa*

Sul fronte orientale, l'avanzata dell'Armata rossa è stata ancora più rapida su un'area molto più larga. Alla fine dell'inverno 1942-1943, le unità tedesche del settore Sud erano rifluite sul Donetz: Hitler ha deciso di ridurre il saliente già creato; nel luglio egli lancia l'«operazione cittadella», forte di sessantacinque divisioni tedesche, di cui quattordici blindate. Questa fu una delle più grandi battaglie della guerra; dopo un'oscura mischia di circa 3000 carri armati, l'attacco tedesco fu fermato. La ruota ha girato; ormai è l'Armata rossa che avanza, in una serie ininterrotta di attacchi che si succedono nei sette «fronti» o gruppi di armate; i più vigorosi vengono portati in estate, ma l'inverno non interrompe le operazioni. Nel corso dell'estate e dell'autunno del 1943, tra Smolensk e il Mar Nero, i russi raggiungono e poi oltrepassano il Dniepr, riprendono Smolensk, Briansk, Kharkov, Kiev, e tutto il bacino del Donbas; la Crimea è isolata, l'avanzata ha raggiunto da 300 a 400 chilometri.

Durante l'inverno 1943-1944, nessun settore è immobile: Leningrado è definitivamente liberata. Nella primavera, Zhukov e Koniev lanciano una grande offensiva in direzione dei Carpazi; il Dniestr, poi il Prut sono liberati; Odessa cade il 10 aprile e la Romania è minacciata; poi la Crimea è liberata; disegnando un enorme saliente nelle linee tedesche, il fronte passa per Kovno, Tarponol e Jassy nel mese di giugno.

Hitler ha un bel cambiare o destituire i suoi generali, interdire formalmente ogni indietreggiamento, anche chiamato sganciamento, ma non può impedire che l'Armata rossa, forte di 20.000 aerei e di 14.000 carri armati ricevuti dalle fabbriche durante il primo semestre del 1944 — fra i quali il nuovo carro pesante «Iosif Stalin», che surclassa i suoi avversari —, riprenda a fine giugno l'offensiva su un fronte di 1200 chilometri; questa volta è la Finlandia che è in pericolo sul suo fianco meridionale; il 2 settembre il maresciallo Mannerheim si sottomette alle condizioni sovietiche. In Bielorussia, l'Armata rossa ha ammassato 2.500.000 uomini appoggiati da 45.000 cannoni: la superiorità sovietica è tale che l'avanzata raggiunge 20 chilometri al giorno; dopo aver preso Minsk, Vilna, Byalistock, Lublino, Brest, Litovsk, Rokossovsky, al termine di una corsa di 600 chilometri senza tappe, arriva il primo agosto sulla riva destra della Vistola, dinanzi a Varsavia. Qui l'ostacolo è più politico che militare.

In effetti, il governo polacco di Londra non ha accettato la cessione all'Unione Sovietica delle province orientali della Polonia; è sostenuto da tutto il popolo polacco. Stalin ha allora formato un governo rivale, composto da comunisti polacchi, detto il «Comitato di Lublino» che, installato da luglio sui territori disputati, accetta di cederli ai russi. Al tempo stesso, esso distribuisce le terre ai contadini e arruola un esercito. Il governo polacco di Londra, senza avvertirne gli Alleati, ordina allora l'insurrezione generale in modo che i russi si trovino dinanzi un'autorità polacca vittoriosa già sul posto nella capitale quando vi giungeranno. Ma Rokossovsky, sia che non ne abbia i mezzi sia che abbia ricevuto ordini in tal senso, non traversa la Vistola e lascia reprimere l'insurrezione; dopo due mesi di combattimenti eroici, gli insorti di Varsavia il 2 ottobre capitolano; i tedeschi finiscono di distruggere la città e deportano 350.000 dei suoi abitanti.

Più a Sud, se l'insurrezione slovacca si è chiusa con uno scacco, l'evoluzione politico-militare è stata più favorevole all'Unione Sovietica in Romania e in Bulgaria. I dirigenti di questi due paesi, dopo aver cercato invano di prendere contatto con gli anglo-americani, hanno deciso di cambiare campo. Il 23 agosto, il re destituisce il generale Antonescu, i russi accordano all'esercito romeno un armistizio moderato, e questi viene impegnato immediatamente per riprendere la Transilvania agli ungheresi.

In Bulgaria, dopo un *putsch* comunista a Sofia, l'Armata rossa entra nella capitale il 18 settembre, e l'esercito bulgaro volge le armi contro la Germania.

Si delinea così chiaramente la politica staliniana: impegnare contro la Germania i suoi satelliti e farli entrare nell'orbita dell'Unione So-

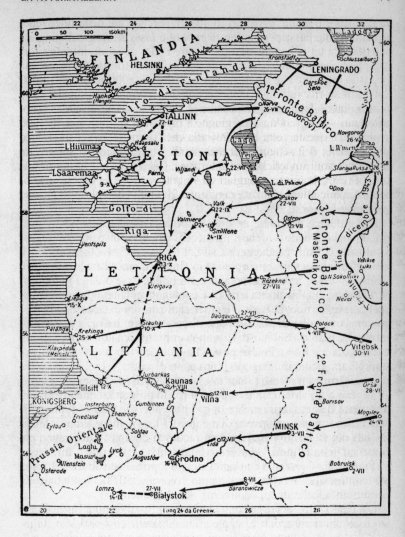

La controffensiva sovietica nei Paesi Baltici durante l'estate-autunno del 1944.

vietica; questo piano fallisce in Ungheria, perché l'ammiraglio Horthy ha esitato ad adottarlo, e i tedeschi lo obbligano a dimettersi nell'ottobre 1944.

6. *La disfatta e la capitolazione della Germania*

Alla fine dell'inverno del 1944 non resta più granché dell'Europa hitleriana. A Est, la Prussia orientale è raggiunta e la Wehrmacht non tiene più che in una parte della Polonia, dell'Ungheria e dell'Italia, e la quasi totalità della Cecoslovacchia. A Ovest, il pericolo è altrettanto pressante: al di fuori di una metà dei Paesi Bassi e di una parte dell'Alsazia, è ormai la frontiera tedesca che le truppe tedesche devono difendere. Appare chiaro che l'attacco decisivo degli Alleati non è che una questione di giorni.

Hitler decide di tentare un gran colpo ad Ovest; ancora una volta, egli attaccherà nelle Ardenne, minaccerà Anversa, dispensatrice di rifornimenti alleati, guadagnerà così del tempo, e si rivolgerà contro i russi; l'offensiva tedesca sorprende in effetti gli americani alla fine del dicembre 1944; le bombe volanti e i missili (V1 e V2) piovono sul porto belga; ma l'avanzata tedesca è contenuta nel mese di gennaio. In questa fase, di nuovo, inglesi e americani sono in disaccordo; Montgomery, una volta di più, propone di concentrare le forze e di avanzare nella pianura del Nord; Eisenhower preferisce non correre rischi e costeggiare il Reno. Poiché possiedono di gran lunga le forze più potenti gli americani impongono i loro punti di vista. Nel febbraio 1945, la prima armata francese riduce la «sacca di Colmar»; in sei settimane, gli inglesi e gli americani eseguono il piano progettato, mentre Hitler commette il sempiterno errore di ordinare alle sue truppe di tenere a ogni costo le posizioni invece di mettere tra loro e gli assalitori il largo fossato del Reno. Il 7 marzo, il miracolo si compie: a Remagen un ponte sul grande fiume viene preso intatto; il dado è tratto; è attraverso il centro della Germania che sarà lanciato il principale attacco alleato; per cominciare, 10.000 aerei hanno riversato 50.000 tonnellate di bombe sulla Ruhr, di cui comincia l'accerchiamento.

Dal canto loro, se i russi sono tenuti in scacco davanti a Budapest, e se i tedeschi si abbarbicano su alcuni luoghi delle coste del Mar Baltico dove costruiscono i loro sottomarini elettrici ultimo modello, dall'altra parte, in direzione di Berlino, obiettivo supremo, l'Armata rossa è arrivata alla fine di gennaio sul medio Oder, da Breslau a Kustrin. Là è bloccata, e deve adoperarsi per ridurre la «difesa a riccio» tedesca, soprattutto a «ripulire» le bocche della Vistola, mentre avanza abbastanza lentamente in Slovacchia, più rapidamente verso Vienna. Di conseguenza, all'inizio di aprile 1945, gli anglo-americani sono più vicini a Berlino, e soprattutto a Praga, dei loro alleati.

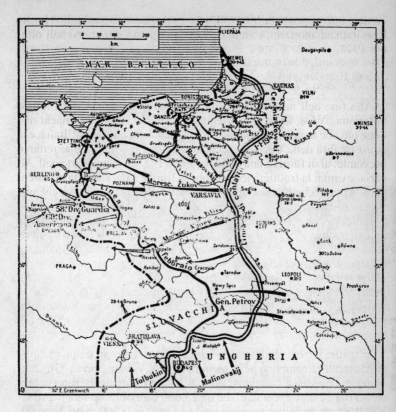

Offensiva finale sovietica e battaglia dell'Oder.

Ma non fanno nulla per arrivarvi prima di loro. Solo Churchill misura la grande importanza politica di una simile iniziativa; ma la malattia, poi la morte di Roosevelt, rimettono le decisioni americane nelle mani di Eisenhower, e questo soldato si rifiuta di vedere al di là dei problemi militari; egli è soprattutto preoccupato di assicurare senza urti né pericoli la congiunzione con i russi, e teme un'ultima difesa tedesca nel «ridotto» del Tirolo.

In questa fase, la Germania nazista è in piena decomposizione; l'una dopo l'altra, le fabbriche di armi cessano di produrre; manca la benzina agli aerei e ai carri; orde di rifugiati fuggono davanti ai russi; le città non sono che mucchi di rovine e carnai. I secondi di Hitler, Himmler stesso, pensano che è venuto il momento di cessare la lotta a Ovest, nella speranza di una rottura della «strana alleanza»; effettivamente, se la lotta resta accanita contro i russi, le rese si moltiplicano dinanzi agli americani. Ma Hitler, fino all'ultimo minuto, conta sulle armi segrete che sono in cantiere — sottomarini elettrici, missili, aerei a reazione, bomba atomica forse; ma è troppo tardi perché esse divengano operanti, e la morte di Roosevelt non rinnova il «miracolo della casa di Brandeburgo»[1].

SOTTOMARINI TEDESCHI

	Effettivi[1]	Costruzioni	In operazioni	Perdite
1940	58	48	10-12	30[2]
1941	76	195	22-91	35
1942	236	239	91[3]	70
1943	405	283	212[3]	237
1944	451	234	168[3]	263
1945	420	78[4]		120[5]

[1] Al primo gennaio.
[2] Tra settembre 1939 e fine 1940.
[3] In media.
[4] Da gennaio a marzo.
[5] Da gennaio ad aprile.

In aprile, il fronte tedesco scricchiola dappertutto; in Italia le truppe di Alexander irrompono nella pianura del Po; Vienna è presa. Gli americani e i russi si ricongiungono sull'Elba, a Torgau; Berlino accerchiata dal 22 aprile, bombardata da 25.000 cannoni, capitola il 2 maggio; il 30 aprile, Hitler si suicida nel suo bunker, a 500 metri dai russi. Gli eserciti tedeschi cessano allora la lotta su tutti i fronti, senza condizioni, malgrado gli sforzi del maresciallo Doenitz, successore di Hitler, per ritardarne la fine; Jodl il 7 maggio, a Reims, dinanzi a Eisenhower, Keitel l'8 a Berlino, dinanzi a Zhukov, appongono la loro firma sull'atto di decesso della Germania nazista.

7. *La sconfitta e la capitolazione del Giappone*

Resta il Giappone: gli americani, che consideravano la guerra in Estremo Oriente un loro affare strettamente personale, vogliono arrivare alla resa dei conti; anche prima della fine del conflitto in Europa, hanno cominciato a trasferire truppe in Estremo Oriente, ma non hanno atteso questo momento cruciale per assumere l'offensiva e riporta-

[1] Nel 1762, Federico II di Prussia, logorato da una coalizione europea, fu salvato in extremis dal voltafaccia del nuovo zar Pietro III.

re successi. Non in Cina almeno, dove la loro delusione è stata grande. Roosevelt attribuiva un ruolo importante alla Cina dopo la guerra; egli vedeva nella Cina un «quarto Grande». Per rifornire l'esercito cinese riaprendo «la strada della Birmania», aveva accettato il piano di operazioni che gli inglesi proponevano in questo paese per proteggere l'India. Ma, se la Birmania viene effettivamente riconquistata dopo duri combattimenti — Rangoon è presa il 2 maggio — consiglieri, armi e dollari sono impotenti a metter fine agli sperperi dell'amministrazione di Chang Kai-shek; l'esercito cinese resta una accozzaglia di bande; tutt'al più, i territori che esso controlla possono facilitare l'offensiva aerea che i grossi bombardieri B29 lanciano sul Giappone.

Nel Pacifico, dove non è stato possibile realizzare nessun comando unificato, sotto la direzione dell'ammiraglio Nimitz e del generale MacArthur si effettua una duplice avanzata; dovunque la tecnica e l'organizzazione degli americani fanno meraviglie; non solo hanno riparato i danni di Pearl Harbor, ma hanno messo in mare venti grosse portaerei e minuziosamente regolato la loro cooperazione con le corazzate; il loro bombardiere B29, perfettamente adattato alle grandi distanze, porta 9 tonnellate di bombe a 5000 chilometri; a partire dalla costa del Pacifico degli Stati Uniti, le navi trasportano a 10.000 chilometri, nei tempi previsti, uomini, armi, materiali e sussistenze; gli strateghi americani hanno messo a punto una tattica di sbarco dove unità specializzate, i marines, avanzano sotto la protezione di un tetto aereo e di cannoni della flotta. I giapponesi non riescono a dotarsi di forze aeronavali equivalenti; i loro aerei da caccia volano meno rapidamente, le loro installazioni radar e di radio sono meno perfezionate. Suppliscono a questa insufficienza con un furioso accanimento nella lotta; hanno fortificato gli atolli minori, i cui difensori si fanno uccidere fino all'ultimo uomo nei loro rifugi; contro la flotta avversaria lanciano aerei-suicidi, i kamikaze, che i loro piloti schiantano sul ponte delle navi avversarie.

La sorte della guerra si decide nelle gigantesche battaglie aeronavali dove i giapponesi hanno regolarmente la peggio; le principali avvengono alle Marianne nel giugno 1944, poi a Leyte in ottobre; portaerei e corazzate giapponesi sono messe fuori combattimento. Padroni del mare, gli americani manovrano a loro piacimento; essi trascurano alcune piazzeforti giapponesi che, prive di rifornimenti, divengono delle vere prigioni per le loro guarnigioni; gli americani sbarcano altrove, dove installano basi che permetteranno loro nuovi balzi in avanti. Così sono prese, o neutralizzate successivamente: le Salomone, la Nuova Guinea, le Marianne, le Palaos, e MacArthur, come aveva promesso, ritorna nelle Filippine nel gennaio 1945. Mentre termina la conquista dell'arcipelago, due altri balzi in avanti a Iwoshima, poi a

Okinawa, portano le forze americane in prossimità di Hondo, cuore dell'arcipelago nipponico.

Privato o mutilato del suo impero, mancando di conseguenza di prodotti essenziali, schiacciato sotto le bombe i cui effetti devastatori sono accresciuti da giganteschi incendi, il Giappone è agli estremi nella primavera del 1945, quando la guerra termina in Europa: ha perduto quasi tutta la sua flotta, mercantile o da combattimento, manca di minerale di ferro, le costruzioni navali e aeronautiche sono in rovina, e fa difetto la benzina per impegnare le navi e gli aerei che restano. Tuttavia i giapponesi continuano a combattere con tale entusiasmo — a Okinawa hanno avuto 10.000 morti, ma solo 7500 prigionieri — che gli americani temono uno sbarco su Hondo, di cui valutano il costo a un milione di uomini: di conseguenza, bisognerà ancora ridurre le diverse armate rimaste nei resti della Grande Asia. Alla Conferenza di Yalta, Roosevelt si è assicurato il contributo dell'Armata rossa in Manciuria; questa entra effettivamente in azione, con successo, il 9 agosto. Ma già da tre giorni Truman si è deciso a lanciare la prima bomba atomica su Hiroshima; un'altra, l'ultima, il 9 agosto, produce gli stessi effetti terrificanti su Nagasaki. Il mikado Hiro-Hito pone allora fine alle sue riserve; impone la cessazione della lotta ad alcuni militari irriducibili che si fanno harakiri; il 2 settembre, nella baia di Tokyo, sul *Missouri*, corazzata americana scampata a Pearl Harbor, viene firmata la capitolazione giapponese. La guerra è finita, la vittoria alleata è totale.

v. Il mondo alla fine della guerra

1. *Le Conferenze di Yalta e di Potsdam*

Gli Alleati non avevano atteso la fine delle ostilità per preparare il dopoguerra. Ma essi perseguivano scopi molto diversi tra loro.

Le idee di Roosevelt si erano pienamente espresse nella Carta Atlantica; gli Stati Uniti non avevano alcun secondo fine di conquista; tuttavia il loro dinamismo economico e finanziario era in crescita, nel corso stesso del conflitto, altrettanto il loro ascendente sul resto del continente americano, a danno della Francia e, soprattutto, dell'Inghilterra; inoltre, nel momento in cui si delineava la vittoria, il presidente degli Stati Uniti era soprattutto preoccupato dalla possibilità di una terza guerra mondiale che avrebbe potuto essere scongiurata, dal suo punto di vista, da un'intesa durevole tra i tre Alleati; tutti i suoi sforzi erano tesi a preservare questa pace. Stalin aveva un po' tardato ad approvare la Carta Atlantica; ma non mise molto tempo a rendere visibili le sue batterie; egli non riconosceva alle popolazioni che avevano fatto in altri tempi parte della Russia il diritto di rifiutarsi di esservi di nuovo integrate; il padrone del Cremlino intendeva riacquistare tutti i territori annessi in applicazione del patto russo-tedesco; nel settembre 1944, aveva imposto alla Finlandia la restituzione di quei territori che questa aveva riconquistato grazie alla grande avanzata della Wehrmacht.

Quanto a Churchill, si era battuto per due obiettivi: impedire un'egemonia della Germania sul continente europeo e conservare alla Gran Bretagna tutta la sua potenza. Per Churchill cioè la Carta Atlantica non si applicava ai popoli dell'impero britannico. In Europa, se per lungo tempo aveva pensato che l'Armata rossa, esausta, si sarebbe fermata una volta raggiunta la liberazione del territorio sovietico, Churchill dovette ben presto ricredersi: la sua avanzata verso occidente aveva dato a Stalin opportunità politiche di cui avrebbe saputo servirsi a meraviglia. Nell'ottobre 1944, Churchill si era recato a Mosca, ed aveva concluso con Stalin un accordo verbale da veri mercanti di cavalli che, in percentuali di una applicazione difficile, doveva determinare la parte di influenza che ciascuno avrebbe avuto nell'Europa centrale.

A Yalta (febbraio 1945) e a Potsdam (luglio 1945) gli anglo-americani sono nella posizione di richiedenti rispetto all'Unione Sovietica; a Yalta essi si sono appena rimessi dal colpo subìto nelle Ardenne; nei due incontri, essi vogliono ottenere un impegno dell'Unione dell'Armata rossa contro il Giappone — benché a Potsdam Truman, succeduto a Roosevelt, già sappia di poter contare sulla bomba atomica. Ma nessuno era sicuro dei risultati che avrebbe avuto. Roosevelt era molto preoccupato del conflitto che si andava delineando tra l'Inghilterra e l'Unione Sovietica, ma credeva che gli Stati Uniti avrebbero potuto restare in disparte. Senza consentire ad eccessive concessioni a Stalin, come fu accusato più tardi, egli si sforzò di non scontentarlo; a Potsdam, sebbene con più rigidità e diffidenza, Truman adottò lo stesso atteggiamento del suo illustre predecessore; fu così che gli eserciti angloamericani evacuarono la parte del territorio tedesco che si trovava nei limiti della zona di occupazione russa — anche se Churchill avrebbe voluto conservarla per servirsene come merce di scambio nelle conversazioni con Stalin. Ma la Gran Bretagna non è più una potenza di primissimo piano uguale ai suoi due alleati; Churchill deve piegarsi e, poiché i laburisti hanno la meglio alle elezioni legislative che seguono la conclusione della guerra in Europa, il suo successore Attlee, che non ha la sua levatura e che è soprattutto preoccupato per i problemi di politica interna, gioca un po' un ruolo di comparsa a fianco dei due partner[1]. È così che, senza che si sia realizzata a Yalta una divisione del mondo, come si è abbondantemente detto e scritto, si è stabilito di fatto (e la situazione così creata è stata confermata a Potsdam) una sorta di condominio, per dirigere il mondo, delle due superpotenze che il conflitto aveva fatto emergere. È dal loro accordo che dipenderanno le regole previste per le questioni controverse in sospeso — occupazione e sorte della Germania vinta, problema polacco, statuto dell'Europa centrale satellizzata dal Reich, avvenire degli imperi coloniali, occupazione e sorte del Giappone, creazione e organizzazione di una nuova Società delle Nazioni; senza dimenticare questioni minori come il passaggio degli stretti turchi, lo statuto di Tangeri, l'evacuazione dell'Iran, l'occupazione dell'Austria, la libertà di navigazione sulle rotte internazionali, ecc.

2. *La sorte della Germania*

Non è la Germania che in questa fase è il pomo di discordia tra gli Alleati. Dal 1944, essi avevano convenuto che l'avrebbero occupata militarmente, totalmente e la zona che spettava a ciascuno era stata delimitata; a Yalta Churchill, che riteneva che una Francia forte sarebbe

---

[1] Umiliazione senza precedenti: gli americani che «educatamente» declinano l'offerta di un aiuto della Royal Navy contro il Giappone!

stato un fattore di equilibrio in Europa, aveva ottenuto facilmente da Roosevelt, più disagevolmente da Stalin, che la Francia divenisse la quarta potenza occupante: una zona fu ritagliata per la Francia in quelle attribuite agli angloamericani. Fu convenuto anche che i quattro occupanti avrebbero comandato ognuno un settore di Berlino, la città essendo in zona russa; i quattro comandanti militari avrebbero amministrato di concerto gli affari comuni. Roosevelt era portato a vedere, in questo complicato sistema, una sorta di contratto obbligato per mantenere l'intesa tra gli Alleati. Uno smembramento della Germania era stato esaminato in diverse riprese, e Stalin non era stato il meno risoluto a proporlo; ma a Potsdam, egli aveva curiosamente cambiato avviso, e non ne fece più una questione. La sola Francia perseverò nel proporre la creazione di una Renania autonoma.

Quanto ai tedeschi, i quattro erano ben decisi a far pagare loro i crimini dei nazisti — i cui responsabili saranno tradotti dinanzi a un tribunale militare internazionale, con sede a Norimberga, questa mecca del nazismo. Una cifra molto elevata fu fissata per le riparazioni tedesche — 20 miliardi di dollari, cifra avanzata un po' a occhio e croce da Stalin, e presa come base di discussione; l'Unione Sovietica avrebbe ricevuto la metà di questa somma favolosa che avrebbe preso dalla sua zona di occupazione ma anche da quelle degli Alleati. Per impedirle di ricominciare le sue aggressioni, la Germania sarebbe rimasta disarmata; la sua «eccessiva» potenza economica sarebbe stata «decentrata»; le istituzioni e le mentalità denazificate; la «sicurezza militare» avrebbe diretto la concessione progressiva delle libertà e dei diritti; nessuna amministrazione centrale sarebbe stata istituita — il generale De Gaulle si era mostrato il più ostile a questa eventualità. Come la popolazione tedesca, annientata, condannata in blocco, non più organizzata avrebbe potuto nutrirsi e produrre in modo sufficiente per vivere, e per pagare le riparazioni, il solo Churchill se ne preoccupò.

3. *Il problema polacco*

La sorte della Polonia era, dopo la riunione di Teheran, legata a quella del Reich. Per impedire a Stalin di annettersi di nuovo le sue province orientali, popolate di bielorussi e di ucraini, si sarebbe dovuto impiegare la forza, vale a dire correre il rischio di un conflitto armato tra gli Alleati: nessuno lo voleva. Non restava altro che risarcire la Polonia a Ovest, fino al limite dell'Oder-Neisse; su questo punto, polacchi di Londra e polacchi di Lublino erano d'accordo; Stalin vedeva in queste annessioni il mezzo per non far collaborare la Polonia e la Germania; solo Churchill temeva di «ingozzare troppo l'oca polacca». Ma vi erano due Neisse, l'occidentale e l'orientale; a Yalta il regolamento definitivo delle frontiere della Polonia fu rimesso alla conclusione del trattato di pace. A Potsdam, l'Unione Sovietica pose i suoi partner dinanzi a un doppio fatto compiuto; affidò alla Polonia l'amministrazione diretta dei territori che in linea di principio le erano stati affidati e questo sino alla Neisse occidentale. Poiché i tedeschi erano fuggiti e i coloni polacchi avevano cominciato a rimpiazzarli, la questione era risolta, se non proprio in linea di diritto.

Quanto al governo polacco di unione nazionale, reclamato dagli angloamericani, Stalin rifiutò ai polacchi di Londra, che egli denunciava come avversari dell'Unione Sovietica, di entrarvi a parità di diritti con quelli di Lublino. Poiché questi ultimi erano sul posto, legiferavano e amministravano, internavano i loro avversari — Stalin convocò a Mosca alcuni capi della resistenza polacca e li gettò in prigione — bisognava passare sotto le loro forche caudine. I comunisti formarono l'ossatura del nuovo governo polacco: con loro la Polonia modellerà il suo regime interno e la sua politica estera su quelli dell'Unione Sovietica. È vero che il popolo polacco, consultato, può rimettere tutto in discussione se può esprimersi liberamente. Ma Stalin si oppone energicamente alla presenza in Polonia di osservatori stranieri al momento delle elezioni: sarebbe insultare i polacchi! Le elezioni avranno dunque luogo, alla russa, alla «presenza» dell'Armata rossa.

4. L'Europa centrale

Churchill, e più ancora Roosevelt, erano rimasti costernati dinanzi al comportamento di Stalin; era evidente che la parola democrazia non aveva lo stesso senso per tutti, e che l'Unione Sovietica stava costruendo un impero di nuovo genere, cementato da una ideologia comune. In effetti, ovunque, le autorità sul posto si schierano nel campo dell'Unione Sovietica, volontariamente o forzatamente; i comunisti — in primo luogo i capi dei partiti, ritornati da Mosca — entrano in un governo di unione nazionale; i «fascisti» e i loro partigiani, vale a dire i notabili e i vecchi leader politici, sono oggetto di persecuzioni. Questo scenario si svolge senza contrasti in Bulgaria, che non era entrata in guerra contro l'Unione Sovietica, e la cui popolazione era da sempre filorussa. In Romania le misure di confisca delle terre e di nazionalizzazione, applicate sotto l'ispirazione comunista, fanno esplodere il Fronte nazionale. Alla fine di febbraio del 1945, il vice ministro degli affari esteri dell'Unione Sovietica, Vishinskij, viene a Bucarest: egli rivolge un ultimatum al re Michele affinché modifichi la composizione del governo nel senso desiderato dall'Unione Sovietica, con la nomina di un comunista al ministero degli interni. Quando Roosevelt e Churchill propongono la creazione di una commissione tripartita, Stalin declina elegantemente l'invito. In Cecoslovacchia, con l'accordo di Benes, la presidenza del governo è affidata a un comunista. È da tener presente che la Romania e la Cecoslovacchia erano, prima della guerra, alleati della Francia, e i loro dirigenti erano nettamente filoccidentali.

In Ungheria, dove un tentativo di presa del potere è fallito, i comunisti sono una parte, minoritaria, del Comitato di liberazione costituito a Debreczen: colpevole di essere stata troppo a lungo legata alla Germania, l'Ungheria è inizialmente trattata come un nemico; l'Armata rossa la occupa. Anche in Jugoslavia il trionfo dei comunisti è totale; nel marzo 1945 Tito ha costituito un governo di unione nazionale da lui presieduto, nel quale i partigiani detengono 23 ministeri su 28; ora, nell'accordo concluso tra Stalin e Churchill, era stata prevista una sorta di spartizione delle zone di influenza, in parti uguali; Churchill è molto amareggiato dinanzi all'evoluzione della situazione; si crede beffato; nessuno sa in quel momento del dissenso che oppone Tito a Stalin. Così tutta l'Europa centrale, quale che sia stata la linea seguita da ogni Stato durante la guerra, entra nella sfera di influenza dell'Unione Sovietica. Sola, la Grecia ne è fuori: Stalin rispetta in questa regione il suo accordo con Churchill, che vi tiene molto; ma che l'URSS l'alimenti o no, la guerra civile infuria in Grecia, la partita non è finita.

5. *Gli imperi coloniali*

Era scritto nella legge della loro sconfitta che i vinti perdessero i loro imperi coloniali. Benché la Francia avesse proposto di conservare all'Italia il suo sotto forma di mandato, e dopo che Molotov ebbe domandato una parte della Tripolitania per l'Unione Sovietica — «per occupare il posto che le era dovuto nel Mediterraneo» —, i ministri alleati riuniti a Londra, nel settembre 1945, decisero di concedere l'indipendenza all'Etiopia, alla Libia e alla Somalia; l'Inghilterra riteneva che i tre nuovi Stati si sarebbero schierati sotto la sua ala protettrice. Quanto al Giappone, restituì alla Cina Formosa e la Manciuria, e all'Unione Sovietica Port-Arthur e il Nord di Sakhalin; la Corea tornava indipendente.

Ma la vittoria non preservò gli Stati vincitori dal crollo dei loro imperi; i loro eserciti avevano troppo spesso perduto la faccia dinanzi agli indigeni, sui territori che li componevano; gli Stati Uniti, Roosevelt in testa, si pronunciarono in ogni occasione per la sparizione del colonialismo; i leader nazionalisti presero coscienza della divisione che regnava tra i colonizzatori; nel corso stesso della guerra, gli Alleati avevano rinunciato a tutte le loro «concessioni territoriali», e ai loro privilegi in Cina. Nell'Insulindia Sukarno proclama l'indipendenza appena vinti i giapponesi; gli olandesi sul posto sono incapaci di riprendere nelle loro mani l'amministrazione del paese; se i Paesi Bassi vogliono recuperare il loro impero indonesiano, dovranno riconquistarlo. Durante la guerra, l'impero francese è stato leale, soprattutto nell'Africa nera; ma la presenza inglese nel Levante e nel Madagascar, americana nell'AFN, giapponese in Indocina ha minato l'autorità francese; l'indipendenza ha dovuto essere accordata ai paesi del Levante; lo stesso giorno della capitolazione tedesca, una rivolta scoppia a Sétif, che bisogna reprimere nel sangue; l'Indocina, una volta partiti i giapponesi, è occupata al Nord dalla Cina, al Sud dall'Inghilterra, ovunque dai nazionalisti del Viet-minh; l'avvenire si annuncia oscuro. Quanto all'impero britannico esce solo in apparenza intatto dalla guerra, in effetti il Canada e l'Australia si sono un po' più separati dalla metropoli situandosi nella sfera americana; nel corso stesso della guerra, è stata promessa l'indipendenza alla Birmania e, alla fine delle ostilità, scioperi, rivolte popolari, ammutinamenti di soldati scuotono le Indie.

6. *La sorte del Giappone*

Gli americani ritengono che tocca a loro stabilire l'avvenire del Giappone. Dal 1942, essi hanno studiato i problemi che avrebbe posto la sua occupazione e precisato i poteri del comando militare. Dopo molte esitazioni gli americani non rovesciarono il mikado, ma decisero di mantenerlo sul trono privandolo dei suoi poteri divini, in modo da far accettare più facilmente, con la sua intermediazione, le loro decisioni alla popolazione giapponese. Se accettarono volentieri i rappresentanti di tutti i paesi alleati alle cerimonie della capitolazione, e in una larga commissione di occupazione, ciò fu a puro titolo consultivo. Un tribunale, nella stessa Tokyo, giudicò e condannò i fomentatori di guerra. Al tempo stesso il generale MacArthur, vero proconsole dall'autorità illimitata, decretò che il Giappone sarebbe stato demilitarizzato e democratizzato.

7. *L'ONU*

Gli Alleati, più o meno d'accordo, avevano regolato così senza rotture, ma non senza un'asprezza reciproca crescente, i punti di discordia sollevati dalla fine del conflitto. Contrariamente ai vincitori della guerra 1914-1918 è a un'altra autorità, una nuova Società delle Nazioni, costruita fuori dei trattati di pace, che essi riservano l'incombenza di preservare la pace per il futuro. Roosevelt fu l'artigiano di questa creazione.

È in effetti il Dipartimento di Stato che prepara la «Dichiarazione delle Nazioni Unite», nel gennaio 1942, con la quale le potenze in guerra contro l'Asse si impegnano a restare unite dopo la guerra; una volta ottenuto il consenso dell'Unione Sovietica a Teheran, un gruppo di studio fu riunito a Washington. È ugualmente negli Stati Uniti, a Dumbarton Oaks, nel settembre 1944, che le quattro grandi potenze — Stati Uniti, Unione Sovietica, Gran Bretagna e Cina, la Francia non era stata invitata — si misero d'accordo sulle grandi linee dell'«Organizzazione delle Nazioni Unite»; fu previsto che essa sarebbe stata diretta da due istituzioni principali, un'Assemblea generale e un Consiglio di sicurezza di cui i cinque grandi Alleati (Francia compresa questa volta) sarebbero stati membri di diritto. La Conferenza di Yalta avallò queste proposte. Certo, Stalin e Churchill non vedevano allo stesso modo di Roosevelt la forma e l'avvenire dell'ONU; il primo pensava soprattutto a elevare un solido baluardo contro una rinascita dell'imperialismo tedesco, il secondo a mantenere la potenza britannica; entrambi erano partigiani di una divisione del mondo in grandi sfere di influenza, che invece Roosevelt non voleva; per il presidente degli Stati Uniti i rapporti tra gli Stati dovevano essere retti dal diritto internazionale, i più potenti dovendo rispettare le libertà e l'autodeterminazione dei più deboli. Fu dunque deciso che tutti gli Stati che avevano combattuto nel campo alleato sarebbero stati, con uguali diritti, membri dell'Assemblea generale; gli inglesi vi fecero ammettere i Dominions e l'Unione Sovietica la Biclorussia e l'Ucraina. Restava da impedire che la nuova Società delle Nazioni fosse così priva di strumenti di azione come la vecchia. Nessuno[2] pensò di creare una sorta di super Stato al quale gli aderenti delegassero una parte del loro potere. In effetti la pace sarebbe durata sino a quando le grandi potenze lo avessero voluto; di conseguenza la responsabilità del suo mantenimento fu affidata al Consiglio di sicurezza; questi avrebbe preso le sue decisioni all'unanimità — il che equivaleva a condannarlo all'impotenza tutte le volte in cui una grande potenza ritenesse che i suoi interessi fossero in gioco.

L'ONU nasce a San Francisco, dal 25 aprile al 25 giugno 1945. Ma, nel corso del conflitto, erano state create istituzioni internazionali a fini limitati che più avanti si svilupperanno. Questo fu il caso dell'UNRRA (Amministrazione degli Stati Uniti per il soccorso e la ricostruzione), nel febbraio 1943, che assicurò il vettovagliamento delle nazioni impoverite dal conflitto; dell'«Organizzazione internazionale del lavoro», nell'ottobre 1944, del «Fondo della Banca internazionale per la ricostruzione e lo sviluppo» nata a Bretton Woods nel luglio 1944, così come del «Fondo monetario internazionale» e dell'«Organizzazione delle Nazioni Unite per l'educazione, la scienza e la cultura» (Unesco) la cui idea aveva preso corpo a Londra dal 1943.

---

[2] Ad eccezione di Blum, in *A l'échelle humaine*.

8. Perdite e distruzioni

Nella grande lacerazione del conflitto, gli Alleati avevano pensato a chiudere le piaghe che avevano aperto: avevano moltissimo da fare tanto erano elevate le perdite in uomini ed estese le distruzioni materiali. È impossibile censire esattamente «il grande salasso» ma si può valutarlo in 50 milioni di persone, vale a dire quattro volte più della guerra 1914-1918: la metà erano civili. Nell'Unione Sovietica si contano 20 milioni di morti, cioè il 10% della popolazione; in Polonia questa proporzione si eleva al 15%. I tedeschi hanno perduto 5 milioni di esseri umani — i tre quarti sul fronte orientale — di cui 500.000 vittime dei bombardamenti. Nell'Europa occidentale le cifre sono meno elevate ma, altra caratteristica specifica del conflitto, le vittime dei crimini nazisti sono altrettanto numerose di quelle dei combattimenti. Per mancanza di stato civile, è impossibile conoscere esattamente le perdite della Cina — calcolabili tra tre e otto milioni di uomini. Il genocidio degli ebrei è valutato a sei milioni di scomparsi. Gli americani, impegnati su due fronti, hanno perso solo 300.000 soldati — non per nulla erano in anticipo di una guerra, quella delle macchine, sui loro alleati e avversari. Ma quel che potrà apportare un'altra conflagrazione, ognuno può capirlo con terrore tenendo presenti i 200.000 morti, in pochi secondi, di Hiroshima e di Nagasaki.

Inoltre, le operazioni militari avevano comportato vasti movimenti di popolazioni, sia organizzate dall'occupante — espulsioni dei lorenesi, dei polacchi, scambi dei tirolesi, ecc. — sia provocati dalla paura — esodo del giugno 1940 in Francia e fuga di milioni di tedeschi dinanzi all'avanzata dell'Armata rossa nel 1945. A questi si aggiungono i milioni di prigionieri di guerra, dei rastrellati dal Servizio del lavoro obbligatorio o di coloro che furono deportati nei campi di concentramento — circa quindici milioni di persone in Germania. In effetti nessun paese fu realmente risparmiato; l'Unione Sovietica e gli Stati Uniti conobbero migrazioni di lavoratori al di là degli Urali o del Sud agricolo verso il Nord-Est industriale. Complessivamente si valuta a 30 milioni il numero dei profughi. Molti anni ancora dopo la fine delle ostilità, più di un milione vegeteranno in campi improvvisati, nell'attesa incerta di un porto dove gettare l'ancora.

L'asprezza dei combattimenti, il via vai degli eserciti contrapposti sugli stessi territori, l'ampiezza dei bombardamenti con l'aviazione o l'artiglieria, le operazioni di rappresaglia, spiegano la pesantezza delle distruzioni materiali. La Germania, l'Unione Sovietica, la Polonia furono i paesi più colpiti: un rapporto polacco stima le perdite all'80% dei mezzi di trasporto, al 50% del bestiame, al 31% del prodotto nazionale; in Jugoslavia, il 20% delle case erano state distrutte; in Francia, su 83.000 chilometri di strade ferrate 37.000 erano state danneggiate così come 1900 opere d'arte; in Germania e in Giappone la maggior parte delle città non era che rovine e cenere; l'Italia era stata distrutta dal Sud al Nord dello stivale ma la regione più ricca, la pianura padana, era stata risparmiata; anche la Gran Bretagna non era uscita indenne. Solo gli Stati Uniti uscivano dal conflitto con minime perdite materiali. Ma in Europa soprattutto le rovine morali erano ancor più penose, meno riparabili, senza dubbio, di quelle subite dai beni materiali sia che si trattasse della distruzione cieca delle città aperte e delle opere d'arte che di attacchi contro i civili o soprattutto delle vittime della criminalità nazista di cui gli stessi scienziati si erano fatti complici.

Una volta di più, la guerra costava infinitamente più cara che il regolamento dei problemi che l'avevano suscitata. Aveva almeno fornito la risposta alle questioni poste? Sì, se si ricorda che gli Alleati hanno raggiunto i loro obiettivi e che la loro vittoria ha permesso di ridare ai popoli occupati le loro libertà, nazionali e individuali; a ben guardare, la guerra alleata era impegnata per la giustizia e per il diritto — non erano parole di propaganda, la rivelazione degli atroci crimini dei nazisti l'ha confermato. Ma, politicamente, nato da uno squilibrio, il conflitto aveva generato altri squilibri.

9. L'Europa

In particolare, l'Europa ne usciva indebolita, e molte potenze di primo piano nel 1939 si trovarono relegate al secondo nel 1945, quelle che erano state vinte, certamente, ma anche alcune che avevano vinto. L'Italia aveva cambiato di campo abbastanza in tempo per evitare il disastro; essa ne tirava a buon conto le somme, e alcune perdite minime di territori in Istria o nelle Alpi francesi non attentavano alla sua integrità territoriale. Ma la guerra aveva mostrato la profonda precarietà delle sue strutture economiche; il ritorno alla democrazia si era realizzato troppo rapidamente perché non sussistessero durevoli strascichi del fascismo; la Resistenza era unita solo contro il fascismo; nell'immediato, la ricostruzione dell'economia e anche il vettovagliamento della popolazione dipendevano dalla buona volontà degli angloamericani.

Per la Germania, la catastrofe era totale; il 1945 era «l'anno zero»; raramente un paese aveva vissuto, in un tempo così breve, vittorie e un'espansione così esaltanti, poi una disfatta così schiacciante: l'attrezzatura industriale, ferroviaria e viaria non era più che rovine, e i russi finivano di distruggerla con la rimozione delle macchine intatte; non vi era più Stato, non vi era più Germania, solamente tedeschi demoralizzati per l'ampiezza del crollo, l'assenza di tre milioni di prigionieri di guerra, l'enormità dei crimini hitleriani, la durezza degli occupanti assetati di vendetta. La parte occidentale è sovrappopolata dall'esodo delle popolazioni dell'Est; nella zona britannica, la densità della popolazione si eleva a 246 abitanti a chilometro quadrato; il calo della moralità è generale, la fame incombe, la disoccupazione è la regola. Trasformazione capitale: la casta dei grandi proprietari fondiari e degli ufficiali prussiani è sparita. In effetti, le miniere sono intatte, alcuni settori dell'industria meno colpiti di altri; ma la bancarotta non avrà un termine, e la ripresa non si avvierà se non col consenso degli Alleati — i soli americani se ne preoccupano. Nell'attesa un grande vuoto si è creato al centro dell'Europa.

Non è la Francia che può riempirlo. Certo, essa figura nel novero dei vincitori; la sua ripresa è stata spettacolare e un soffio nuovo, nato dalla Resistenza, anima una opinione pubblica momentaneamente riunita dietro la grande statura del generale De Gaulle. Economicamente la Francia ha cambiato pelle grazie a un dirigismo misurato; ma essa soffre di gravi deficienze, e l'inflazione è in agguato. La politica estera del generale De Gaulle è ambiziosa; egli vorrebbe che la Renania fosse posta sotto la dipendenza francese, e cerca di controbilanciare la subordinazione verso gli angloamericani con un'alleanza con l'Unione Sovietica. In effetti i «Tre Grandi» non considerano la Francia come loro uguale; l'aiuto americano è inoltre indispensabile alla sua ricostruzione.

Tale è anche per qualche verso la sorte della Gran Bretagna; e la morale della Storia, che riduce a uno stato di semivassallaggio la potenza che, nei giorni più oscuri, ha combattuto da sola la Germania in piena euforia vittoriosa e alla quale il mondo deve tanto, è ben deludente. In effetti, la Royal Navy è eclissata dalla marina da guerra americana; il tonnellaggio dei mercantili, inferiore nel 1945 di sei milioni di tonnellate rispetto a quello del 1939, arriva appena a un terzo di quello della marina mercantile degli Stati Uniti. Finanziariamente, il mercato di Londra cessa di essere il primo del mondo, i grossi investimenti nell'America del Sud sono stati perduti, è stato contratto un debito verso i Dominions, si è negoziato un prestito enorme, per cinquant'anni con gli Stati Uniti, benché sia stata passata la spugna sulle fatture dell'«affitti e prestiti». Il gabinetto laburista non può più differire le riforme sociali, richieste da una massa operaia che ha operato senza recriminare per lo sforzo di guerra; la ricerca del pieno impiego, la nazionalizzazione delle industrie chiave, l'applicazione del «piano Beveridge», divengono obiettivi difficilmente conciliabili con il mantenimento di una politica mondiale di prestigio. Quanto alla dominazione imperiale, essa dà segni di scricchiolio, e i laburisti sono i primi a volerne ridurre la pesantezza.

10. *L'Asia*

L'Asia è in pieno mutamento. Nulla di solido sostituisce l'impero del Giappone. Con le perdite in uomini, la distruzione dell'industria e della flotta (da guerra e mercantile) l'economia nipponica raggiunge un punto critico. La prostrazione della popolazione è totale; non resta più nulla dei suoi miti e delle sue convinzioni; la sfida del mantenimento di una civiltà originale con l'adozione delle tecniche occidentali, sembra perduta; comincia un'occupazione americana, che il popolo giapponese subisce, senza che si possa dire quale via finirà per adottare. Pur figurando nel campo dei vincitori la Cina non sta meglio; partito l'occupante giapponese, seguaci del comunismo e sostenitori del Kuo Min-tang hanno ricominciato le loro lotte fratricide. Vicina all'indipendenza, l'India è ugualmente divisa tra gli induisti del «partito del Congresso» e i musulmani della «Lega»; la presenza britannica garantisce la pace civile: è difficile che la sua sparizione non si accompagni a una divisione e a dei conflitti. Quanto all'Indocina e all'Indonesia sono in piena ebollizione; la guerra non è praticamente cessata; l'unità artificiale del paese, consolidata dai colonizzatori, si sgretola con la loro disfatta. Ormai, su tutte le rive del Pacifico, l'aggressione di Pearl Harbor ha costretto gli americani a installarvisi in modo durevole.

11. *L'Unione Sovietica*

Insomma due superpotenze, l'Unione Sovietica e gli Stati Uniti, emergono dal caos; ma le loro forze sono ineguali. L'Unione Sovietica ha dimostrato, in modo magistrale, in una lotta colossale di cui per molto tempo ha da sola sopportato il peso, una solidità — delle sue forze armate, della sua industria, del suo popolo ma anche del suo regime politico e sociale — di cui molti dubitavano. Essa ne è ripagata con una doppia espansione che sola, tra i vincitori, realizza; da una parte annette la Carelia, i paesi baltici, la Lituania, la Bielorussia e l'Ucraina ex polacche, la Rutenia ex cecoslovacca, la Bessarabia e la Bucovina del Nord ex romene, Koenigsberg e la Prussia orientale, le Curili, il Sud di Sakhalin, Dairen e Port-Arthur; d'altra parte, grazie alle nuove alleanze che la sua vittoria gli ha acquisito, con il concorso dei partiti comunisti, con la presenza anche dei suoi eserciti, la sua influenza si estende in Europa sino all'Elba e a Vienna, in Asia sulla Manciuria, il Nord della Corea e il Nord dell'Iran; intende inoltre giocare un ruolo nella gestione della Ruhr ed è presente a Tangeri e a Tokyo. In effetti l'emorragia in uomini e in beni che essa ha subìto lascia

L'Europa dopo la II guerra mondiale.

l'Unione Sovietica esangue e sguarnita; la miseria nelle regioni devastate resta estrema; la ricostruzione sarà difficile e lunga, perché la guerra ha messo in evidenza grandi debolezze nei mezzi di trasporto e nella produzione dei beni di consumo. È vero che, negli Urali e al di là degli Urali, la produzione è molto aumentata, che l'Armata rossa è per molto tempo il solo grande esercito in Europa e che la sua vittoria vale all'Unione Sovietica un immenso prestigio. Gli «errori» di Stalin — dalle «purghe» e dai «processi» al patto russo-tedesco — sono dimenticati. Giocando contemporaneamente sul panslavismo e sull'ortodossia, sapendo servirsi delle sue popolazioni musulmane per introdursi nel mondo arabo, l'Unione Sovietica resta più che mai, malgrado la soppressione per pura opportunità del Comintern, la metropoli del comunismo internazionale, che regna da padrone in tutta l'Europa centrale e orientale e che si instaura al potere in Francia e in Italia: la guerra le ha permesso di realizzare la mescolanza più esplosiva dell'afflato rivoluzionario e della miccia nazionalista di cui ha messo a punto la ricetta e l'impiego.

12. *Gli Stati Uniti*

Ma quando Truman, appena firmata la capitolazione tedesca, ha messo fine alla legge «affitti e prestiti» in favore dell'Unione Sovietica, Stalin ha protestato, e questo bisogno riconosciuto dell'aiuto americano mostra la differenza della potenza reale tra l'Unione Sovietica e gli Stati Uniti. Il gigante americano, in effetti, gronda di prosperità e ottimismo. Malgrado la mobilitazione di milioni di uomini e le perdite subite, la curva demografica è aumentata; il pieno impiego per la manodopera è stato realizzato; il reddito nazionale è raddoppiato in cinque anni e il bilancio è equilibrato — ma il debito pubblico è quadruplicato. La produzione è progredita considerevolmente in tutti i settori: 33% per l'agricoltura, 40% per il petrolio; 400% per il minerale di ferro; 95 milioni di tonnellate di acciaio escono dagli altiforni e i cantieri navali avviano in un anno il doppio delle navi che i sottomarini tedeschi hanno fatto colare a picco nelle ore peggiori della battaglia dell'Atlantico; inoltre, divenuti la prima potenza navale al mondo, gli Stati Uniti possiedono un quasi monopolio della navigazione aerea intercontinentale.

Inoltre il 60% delle riserve d'oro del mondo hanno trovato rifugio nella banca federale degli Stati Uniti, ciò che fa del dollaro la sola moneta oro; la bilancia commerciale è largamente eccedente e quella dei conti lo è ancora di più. Certo, questa ricchezza è inegualmente ripartita; gli operai, con i loro sindacati, benché il loro livello di vita sia largamente aumentato, denunciano le enormi entrate di numerose imprese; alcune regioni, il Sud in particolare, si sono un po' più impoverite;

soprattutto, alcune categorie della popolazione — i neri, i portoricani, i messicani, e gli stessi canadesi francesi — restano relativamente in uno stato vicino all'incultura e alla miseria.

Tuttavia l'influenza degli Stati Uniti è preponderante in tutto il mondo. Chi non è loro debitore a qualche titolo? Il Canada e l'America del Sud sono entrati totalmente nella loro orbita — ma la seconda si adatta più disagevolmente all'*american way of life*, di cui beneficia soltanto una minoranza privilegiata. Alla fine del conflitto, i soldati pensano che bisogna voltar pagina e che, lasciando il resto del mondo a sbrogliarsela da solo, gli americani potranno ritornare all'era felice dell'incoscienza isolazionista. Gli stessi dirigenti, il presidente Truman in primo luogo, si interrogano sulla via da seguire. Ma una tale potenza non può non avere per corollari impegni della stessa grandezza; bisogna prenderne atto e adattarvisi; in Asia in primo luogo, ma anche in Europa, la fine delle ostilità non è per gli americani che l'inizio di un'altra specie di presenza.

13. *L'età della scienza e della tecnica*

È possibile che le guerre pongano più problemi di quanti ne risolvano. È chiaro tuttavia che la vittoria alleata ha bloccato l'imperialismo fascista il cui successo avrebbe inflitto un corso molto diverso all'evoluzione dell'umanità — a quella delle razze di colore in particolare. Si dice spesso che le guerre sono delle rotture in un processo, che riprende quando esse hanno termine. Sembra piuttosto che la seconda guerra mondiale sia una cerniera che segna l'inizio di un'era nuova, tanto i cambiamenti che essa ha provocato sono ampi, profondi e durevoli. Il paradosso felice del conflitto è che, mentre si compivano gigantesche distruzioni, venivano trovati e messi in opera i mezzi per ripararne rapidamente i danni. Tra il 1939 e il 1945, la ricerca scientifica, teorica e pratica, ha effettuato un tale balzo in avanti che si può veramente parlare del fiorire di una civiltà della scienza e della tecnica.

È sufficiente ricordare alla rinfusa alcune delle invenzioni concepite e realizzate nel corso del conflitto come: il radar, l'elettronica, le macchine calcolatrici, le materie plastiche, il DDT, i sulfamidici, la penicillina, i procedimenti della trasfusione del sangue e di rianimazione, la meccanizzazione dell'industria e, la più grave ma anche la più promettente, la liberazione e l'utilizzazione dell'energia nucleare. Se questo prodigioso progresso — progresso nel quale gli americani hanno fatto la parte del leone — è stato possibile ciò è accaduto perché i governi hanno accordato ai ricercatori mezzi senza precedenti — e anche in questo il «falansterio» creato dagli Stati Uniti per fabbricare la bomba atomica detiene il primato. Ormai la ricerca scientifica e la tecnologia escono dall'era artigianale: divengono operazioni di équipe, l'attività di punta di una nazione; passano molto rapidamente dal laboratorio all'applicazione in serie di nuovi metodi, alla produzione migliorata di numerosi prodotti.

Certo, il mondo che esce dalla guerra sembra essere quello delle contraddizioni; la fabbricazione delle ricchezze reali è divenuta illimitata, ma i popoli poveri sono più lontani che mai da quelli ricchi; le distanze diminuiscono e la velocità avvicina le nazioni, ma queste si rinchiudono in un nazionalismo ombroso: la conoscenza e la cultura si giovano di mezzi di diffusione senza precedenti, ma continenti interi sono ancora immersi nel letargo dello spirito, ecc. Resta il fatto che, al prezzo forse di una più grande uniformità, dopo essere stati trascinati, e uniti, nel grande dramma del conflitto, tutti i popoli si trovano più o meno impegnati nel turbine del progresso scientifico e delle sue applicazioni pratiche che spetta loro padroneggiare.

Cronologia

1939. 15 marzo. I tedeschi invadono la Cecoslovacchia.
7 aprile. Occupazione dell'Albania da parte delle forze armate italiane.
28 aprile. Hitler denuncia gli accordi con la Polonia e l'Inghilterra e rivendica Danzica e il passaggio per il «corridoio polacco».
23 agosto. Patto di non aggressione tedesco-sovietico.
25 agosto. Trattato di mutua assistenza anglo-polacco.
1 settembre. Le truppe tedesche iniziano l'invasione della Polonia. L'Italia proclama la «non belligeranza».
3 settembre. La Gran Bretagna dichiara guerra alla Germania: lo stesso, sei ore dopo, fa la Francia. Eden e Churchill entrano nel governo. L'India, l'Australia e la Nuova Zelanda dichiarano guerra alla Germania.
5 settembre. Truppe tedesche varcano la Vistola. Stati Uniti e Giappone proclamano la loro neutralità.
6 settembre. L'Unione Sudafricana dichiara guerra alla Germania.
9 settembre. Il Canada dichiara guerra alla Germania.
16 settembre. I tedeschi chiedono la resa di Varsavia. La richiesta viene respinta.
17 settembre. L'Armata rossa invade la Polonia.
27 settembre. Caduta di Varsavia.
28 settembre. A Modlin capitolazione della Polonia.
30 novembre. L'URSS attacca la Finlandia.
1940. 12 marzo. Trattato russo-finlandese a Mosca e fine delle ostilità tra i due paesi.
28 marzo. Decisione franco-inglese di non concludere armistizi separati.
9 aprile. I tedeschi invadono la Danimarca e la Norvegia.
10 aprile. A Narvik prima battaglia navale anglo-tedesca.
14 aprile. Sbarco britannico in Norvegia vicino Narvik.
10 maggio. I tedeschi invadono l'Olanda, il Belgio e il Lussemburgo. Winston Churchill primo ministro.
14 maggio. I tedeschi sfondano il fronte francese a Sedan.
15 maggio. Capitolazione dell'Olanda.
17 maggio. I tedeschi entrano a Bruxelles.
26 maggio. Caduta di Calais.
28 maggio. Capitolazione di Leopoldo III. Inizio della evacuazione di Dunkerque che termina il 3 giugno.
5 giugno. Inizio della battaglia di Francia. I tedeschi attaccano sulla Somme e sull'Aisne. De Gaulle sottosegretario di Stato alla difesa.
6 giugno. Sfondamento del fronte della Somme.
9 giugno. Resa della Norvegia.
10 giugno. L'Italia dichiara guerra alla Gran Bretagna e alla Francia. Ritirata degli Alleati in Norvegia.
13 giugno. Parigi è dichiarata città aperta.
16 giugno. Dimissioni di Reynaud e formazione del gabinetto Pétain.
17 giugno. Pétain chiede l'armistizio.

18 giugno. Primo appello da Londra di De Gaulle ai francesi. Incontro Hitler-Mussolini a Monaco.
21 giugno. Hitler riceve i plenipotenziari francesi a Rethondes.
22 giugno. Firma dell'armistizio franco-tedesco.
24 giugno. Gli italiani occupano Mentone. Armistizio franco-italiano.
28 giugno. La Gran Bretagna riconosce De Gaulle capo delle forze francesi libere.
1 luglio. Il maresciallo Graziani nominato governatore della Libia e comandante in capo delle forze armate italiane in Africa settentrionale.
2 luglio. L'URSS occupa la Bessarabia e la Bucovina settentrionale in Romania. Nuovo governo di Vichy con a capo Pétain.
9 luglio. Scontro navale di Punta Stilo.
10 luglio. Prime massicce incursioni aeree tedesche sull'Inghilterra.
11 luglio. Pétain capo dello Stato francese.
3 agosto. Estonia e Lituania divengono repubbliche sovietiche: tre giorni dopo anche la Lettonia.
4 agosto. Gli italiani invadono la Somalia britannica.
7 agosto. Alsazia e Lorena annesse al Reich.
13 agosto. Inizia la battaglia d'Inghilterra.
25 agosto. Bombardamento di Londra.
26 agosto. Primo bombardamento inglese di Berlino.
14 settembre. Offensiva delle truppe italiane contro l'Egitto.
27 settembre. Germania, Italia e Giappone firmano il patto tripartito.
7 ottobre. Le truppe tedesche entrano in Romania.
28 ottobre. Gli italiani invadono la Grecia. Incontro Hitler-Mussolini a Firenze.
8 novembre. I greci costringono gli italiani a ripiegare in Albania.
14-15 novembre. Bombardamento di Coventry.
15 novembre. Isolato dai tedeschi il ghetto di Varsavia.
20-24 novembre. L'Ungheria, la Romania e la Slovacchia aderiscono al patto tripartito.
27 novembre. Battaglia navale italo-inglese a Capo Teulada.
1941. 1 gennaio. Gli inglesi penetrano in Libia.
20 gennaio. Hitler invia in Africa la Afrikakorps agli ordini di Rommel.
22 gennaio. Gli inglesi occupano Tobruk.
26 gennaio. Inizio dell'offensiva inglese nelle Somalie inglese e italiana.
7 febbraio. Gli inglesi conquistano Bengasi.
26 febbraio. Gli inglesi occupano la Somalia italiana.
1-2 marzo. La Bulgaria aderisce al patto tripartito e i tedeschi entrano nel paese.
9 marzo. Negli Stati Uniti è promulgata la legge «affitti e prestiti» che autorizza il prestito e l'affitto di materiali bellici ai paesi amici.
24 marzo. La Somalia inglese è riconquistata dalle truppe britanniche.
26 marzo. Colpo di Stato in Jugoslavia. Re Pietro II, ostile all'Asse, prende il potere.
28 marzo. In uno scontro navale a Capo Matapan gli inglesi hanno la meglio sugli italiani.
31 marzo. Inizio in Cirenaica dell'offensiva dell'Afrikakorps.
3 aprile. Rommel conquista Bengasi.
6 aprile. Germania e Italia dichiarano guerra alla Jugoslavia. Gli inglesi conquistano Addis Abeba.
13 aprile. I tedeschi entrano a Belgrado.
27 aprile. I tedeschi entrano in Atene.
22 giugno. Germania, Italia e Romania dichiarano guerra all'Unione Sovietica. Ha inizio l'operazione Barbarossa; 170 divisioni tedesche all'assalto dell'URSS.
25 giugno. La Finlandia e poi l'Ungheria (27) e la Slovacchia dichiarano guerra all'Unione Sovietica.
17 luglio. Cade Smolensk.
14 agosto. Firma della Carta Atlantica a Terranova.
15 agosto. I tedeschi conquistano l'Ucraina.

25 agosto. Forze anglorusse entrano nell'Iran.
9 settembre. Inizio dell'assedio di Leningrado.
23 settembre. De Gaulle forma a Londra il comitato nazionale della Francia libera.
19 ottobre. A Mosca è proclamato lo stato d'assedio.
21 ottobre. La difesa di Mosca è affidata a Zukov.
15 novembre. Cade Jalta. I tedeschi occupano definitivamente la Crimea.
16 novembre. Grande offensiva tedesca contro Mosca.
18 novembre. Offensiva dell'VIII Armata britannica in Cirenaica contro Rommel.
2 dicembre. I tedeschi arrivano alla periferia di Mosca.
6 dicembre. L'offensiva tedesca su Mosca è bloccata. Inizia la controffensiva russa.
7 dicembre. Attacco giapponese alla base americana di Pearl Harbor.
11 dicembre. Italia e Germania dichiarano guerra agli Stati Uniti.
16-20 dicembre. I tedeschi ripiegano su tutto il fronte russo.
24 dicembre. Le truppe britanniche riconquistano Bengasi. Ritirata di Rommel in Cirenaica.
29 dicembre. I russi sbarcano in Crimea.
1942. 2 gennaio. I giapponesi entrano a Manila. Gli americani ripiegano nella penisola di Bataan.
12 gennaio. I giapponesi entrano in Birmania.
21 gennaio. Rommel scatena la sua seconda offensiva in Libia.
28 gennaio. Rommel riconquista Bengasi.
9 marzo. I giapponesi occupano definitivamente l'isola di Giava.
18 aprile. A Vichy Laval capo del governo.
9 aprile. Resa delle forze americane a Bataan.
1 maggio. Incontro Hitler-Mussolini a Salisburgo.
6 maggio. Grande battaglia navale nel Mar dei Coralli: forti perdite giapponesi. Fine della resistenza americana nelle Filippine.
27 maggio. Attentato a Heydrich a Praga.
28 maggio. L'Armata rossa riconquista Kharkov.
4 giugno. Grande battaglia navale di Midway conclusasi con la vittoria americana.
11 giugno. Gli Stati Uniti estendono alla Russia la legge «affitti e prestiti».
21 giugno. Rommel conquista Tobruk.
23 giugno. Offensiva tedesca in Ucraina.
30 giugno. Rommel arriva a El-Alamein.
16 luglio. A Parigi arresti e deportazioni in massa di ebrei.
22 agosto. Il Brasile dichiara guerra alla Germania e all'Italia.
23 agosto. Inizio della battaglia di Stalingrado.
28 agosto. Controffensiva russa a Leningrado.
27 settembre. Battaglia nelle strade di Stalingrado.
23 ottobre. L'VIII Armata di Montgomery scatena l'offensiva in Egitto.
3-5 novembre. Vittoria inglese a El-Alamein.
8 novembre. Sbarco alleato nell'Africa settentrionale («Operazione Torch»).
11 novembre. In Francia i tedeschi occupano la zona libera. Gli inglesi liberano l'Egitto. Inizio della grande battaglia di Guadalcanal che termina il 15 con la vittoria americana.
12 novembre. Gli italiani occupano la Corsica.
14 novembre. Ritirata di Rommel in Cirenaica.
20 novembre. Gli inglesi riconquistano Bengasi.
27 novembre. I tedeschi occupano Tolone: la flotta francese si autoaffonda.
1 dicembre. Offensiva sovietica tra il Don e il Volga.
15 dicembre. I russi accerchiano i tedeschi a Stalingrado.
1943. 14 gennaio. Conferenza Roosevelt-Churchill a Casablanca.
18 gennaio. Spezzato l'accerchiamento di Leningrado.
20 gennaio. Avanzata russa su tutto il fronte da Voronez al Caucaso.
23 gennaio. L'VIII Armata di Montgomery conquista Tripoli.
31 gennaio. A Stalingrado capitolazione delle forze di von Paulus.

18 aprile. Sollevazione del ghetto di Varsavia. La rivolta è soffocata nel sangue il 16 maggio.
12 maggio. In Tunisia resa delle truppe dell'Asse.
15 maggio. Costituzione in Francia del Consiglio nazionale della resistenza. A Mosca sciolto il Comintern.
10 luglio. Sbarco alleato in Sicilia.
19 luglio. Bombardamento di Roma. Hitler e Mussolini si incontrano a Feltre.
24 luglio. Riunione a Roma del Gran Consiglio del fascismo. Mussolini messo in minoranza.
25 luglio. Arresto di Mussolini. Nuovo governo Badoglio.
8-16 agosto. Bombardamenti alleati su Milano, Torino, Genova.
14 agosto. Roma proclamata città aperta.
24 agosto. Himmler è nominato ministro degli interni del Reich.
3 settembre. A Cassibile (Siracusa) firma segreta dell'armistizio tra l'Italia e gli Alleati.
8 settembre. Badoglio rende noto l'armistizio.
9 settembre. La v Armata americana sbarca a Salerno. La famiglia reale e il governo abbandonano Roma per Pescara e Brindisi. Si costituisce il Comitato di liberazione nazionale.
10 settembre. I tedeschi occupano Roma.
12 settembre. Mussolini, detenuto sul Gran Sasso, è liberato da un *commando* di paracadutisti tedeschi.
13 settembre. Chiang kai-shek nominato presidente della Repubblica cinese.
23 settembre. A Salò Mussolini proclama la Repubblica sociale italiana.
27-30 settembre. Insurrezione a Napoli.
1 ottobre. Gli Alleati entrano a Napoli già liberata dai patrioti.
8 ottobre. L'attività partigiana si sviluppa in tutta la Val d'Ossola.
13 ottobre. Il governo italiano del sud dichiara guerra alla Germania.
3 novembre. Mussolini ordina l'arresto di Galeazzo Ciano.
6 novembre. L'Armata rossa libera Kiev.
13 novembre. L'Italia è riconosciuta dagli Alleati «nazione cobelligerante».
22 novembre. Conferenza del Cairo Roosevelt-Churchill-Chiang kai-shek.
28 novembre. Conferenza a Teheran tra Roosevelt, Churchill e Stalin.
4 dicembre. Nel territorio jugoslavo libero costituzione di un governo libero provvisorio diretto da Tito.
24 dicembre. Eisenhower comandante supremo delle forze di liberazione alleate in Europa.
1944. 8 gennaio. Processo di Verona contro i gerarchi «traditori».
11 gennaio. Fucilazione di Galeazzo Ciano e altri gerarchi «traditori».
22 gennaio. Sbarco alleato ad Anzio.
14 febbraio. Fine dell'assedio di Leningrado.
1 marzo. Iniziano gli scioperi operai in Alta Italia.
6 marzo. Offensiva russa in Ucraina.
15 marzo. Bombardamento alleato su Montecassino.
19 marzo. La Wehrmacht invade l'Ungheria.
24 marzo. Alle Fosse Ardeatine i nazisti trucidano 335 ostaggi.
5 aprile. De Gaulle comandante supremo di tutte le forze francesi.
21 aprile. Primo governo di unità nazionale in Italia.
22 maggio. I fascisti fanno fucilare gli ammiragli Mascherpa e Campioni per aver obbedito al governo legittimo di Roma.
4 giugno. Gli Alleati liberano Roma.
6 giugno. Sbarco alleato in Normandia.
20 luglio. Mancato attentato di von Stauttenberg contro Hitler.
1 agosto. Inizio dell'insurrezione di Varsavia.
19 agosto. Inizio dell'insurrezione di Parigi.
20 agosto. I tedeschi arrestano il maresciallo Pétain e lo trasferiscono a Belfort.
24 agosto. Liberazione di Parigi.
8 settembre. Primi lanci delle V2 sui sobborghi di Londra e di Parigi.

12 settembre. Armistizio tra Romania e Unione Sovietica.
13 settembre. Gli Alleati entrano in Germania.
18 settembre. I russi entrano a Sofia.
19 settembre. Armistizio russo-finlandese.
29-30 settembre. Eccidio di Marzabotto: 2000 abitanti trucidati dai tedeschi.
2 ottobre. Capitolazione degli insorti di Varsavia.
3 ottobre. Liberazione di Calais.
4 ottobre. Gli inglesi sbarcano in Grecia.
6 ottobre. I russi entrano in Ungheria.
9 ottobre. Conferenza a Mosca tra Stalin, Churchill, Eden e Molotov.
14 ottobre. Rommel costretto a suicidarsi per ordine di Hitler.
18 ottobre. L'Armata rossa entra in Cecoslovacchia.
20 ottobre. Belgrado liberata.
28 ottobre. Armistizio bulgaro-sovietico.
6 novembre. Liberazione della Grecia
15 novembre. Sciopero antinazista a Torino.
10 dicembre. Trattato di alleanza e mutua assistenza tra l'URSS e la Francia.
16 dicembre. Controffensiva tedesca nelle Ardenne.
19 dicembre. I tedeschi assediano le truppe americane a Bastogne.
1945. 9 gennaio. Sconfitta tedesca a Bastogne.
17 gennaio. L'Armata rossa libera Varsavia.
20 gennaio. Armistizio sovietico-ungherese.
4 febbraio. Conferenza di Jalta tra Roosevelt, Churchill e Stalin. Il Belgio è liberato. Forzata la linea Sigfrido.
13 febbraio. L'Armata rossa libera Budapest.
14 febbraio. Bombardamento di Dresda.
7 marzo. Le truppe americane passano il Reno sul ponte di Remagen.
28 marzo. Sciopero generale antinazista a Milano.
29 marzo. L'Armata rossa entra in Austria.
1 aprile. Sbarco americano a Okinawa.
12 aprile. Muore Roosevelt.
13 aprile. I russi liberano Vienna.
19 aprile. I partigiani italiani liberano Bologna.
23-25 aprile. Insurrezioni partigiane nell'Italia settentrionale. Genova, Milano e Torino liberate.
25 aprile. Ricongiungimento delle forze americane e russe a Torgau sull'Elba.
27 aprile. Arresto di Mussolini che sarà giustiziato dai partigiani il giorno seguente.
30 aprile. Hitler si suicida nel bunker della Cancelleria. Le truppe di Tito occupano Trieste.
1 maggio. L'ammiraglio Dönitz succede ad Hitler.
2 maggio. I russi prendono Berlino.
7 maggio. Capitolazione generale delle forze tedesche: è firmata dal generale Jodl al quartier generale di Eisenhower.
8 maggio. A Berlino viene firmato l'atto definitivo e ufficiale della capitolazione tedesca; è firmato da Keitel.
23 maggio. Arresto di Dönitz e dei membri del suo governo. La Germania è completamente occupata dagli Alleati.
26 giugno. 50 paesi firmano a San Francisco la Carta delle Nazioni Unite.
17 luglio. Conferenza di Potsdam tra Churchill, Truman e Stalin.
26 luglio. Ultimatum alleato al Giappone.
6 agosto. Prima bomba atomica su Hiroshima.
8 agosto. L'URSS dichiara guerra al Giappone e invade la Manciuria.
9 agosto. Seconda bomba atomica su Nagasaki.
14 agosto. Il Giappone accetta la resa senza condizioni.
2 settembre. Sulla corazzata *Missouri* Mac Arthur firma con i plenipotenziari nipponici la capitolazione definitiva del Giappone.

Bibliografia

ANGELOZZI GARIBALDI, GIORGIO, *Il Vaticano nella seconda guerra mondiale*, Milano, Mursia, 1992.
BATTAGLIA, ROBERTO, *La seconda guerra mondiale*, Roma, Editori Riuniti, 1971.
BIAGI, ENZO, *La seconda guerra mondiale*, Milano, Rizzoli, 1992.
CALVOCORESI, PETER - WINT, GUY, *Storia della seconda guerra mondiale*, Milano, Rizzoli, 1990.
CARTIER, *La seconda guerra mondiale*, Milano, Mondadori.
CHURCHILL, WINSTON, *La seconda guerra mondiale*, 6 voll., Milano, Mondadori, 1950-58.
COLARIZI, SIMONA, *La seconda guerra mondiale e la repubblica*, Torino, Utet, 1984.
COLLOTTI, ENZO, *La seconda guerra mondiale*, Torino, Loescher, 1973.
DE FELICE, RENZO, *Mussolini. L'alleato (1941-1945)*, 2 voll., Torino, Einaudi, 1990.
FAVANOTTI, ENZO, *Bibliografia della seconda guerra mondiale*, Roma, Ufficio storico dell'esercito, 1980.
HILLGRUBER, ANDREAS, *La seconda guerra mondiale*, Bari, Laterza, 1987.
KNOX, MCGREGOR, *La guerra di Mussolini (1939-1941)*, Roma, Editori Riuniti, 1984.
GIGLI, GUIDO, *La seconda guerra mondiale*, Bari, Laterza, 1951.
GILBERT, MARTIN, *Grande storia della seconda guerra mondiale*, Milano, Mondadori.
MAC MILLAN, HAROLD, *Diari di guerra*, Bologna, Il Mulino, 1987.
TAYLOR, ALAN, *Le origini della seconda guerra mondiale*, Bari, Laterza, 1993.
Storia della seconda guerra mondiale, Bologna, Il Mulino, 1990.
Carteggio. 1941-1945. Testi di J. Stalin, W. Churchill, F. D. Roosevelt, C. Attlee, S. Truman, Roma, Editori Riuniti, 1957.

Questa bibliografia, ad opera del curatore italiano, comprende esclusivamente i testi di sintesi generale in lingua italiana o tradotti, attualmente in commercio.